W S ABERNATHY
PARIS
5/2004

LE NOUVEAU GUIDE DES STATUES DE PARIS

Couverture: dominant la place de la Concorde, le Mercure d'Antoine Coysevox, sculpté en 1702, provient de l'abreuvoir de Marly. Avec son pendant, la Renommée, cette œuvre d'une rare élégance, placée à l'entrée du jardin des Tuileries dès 1719, a été remplacée en 1985 par un moulage à l'identique en marbre reconstitué. L'original se trouve désormais au musée du Louvre.

Verso de la couverture: Eclipsés par le prestige qui accompagne la Marseillaise de l'Arc de Triomphe, d'autres chefs-d'œuvre jalonnent la carrière de François Rude, en particulier le fougueux et trop peu connu Maréchal Ney du carrefour de l'Observatoire.

ISBN 2-85047-025-2

PIERRE KJELLBERG

LE NOUVEAU GUIDE DES STATUES DE PARIS

139 photographies et documents,
nouvelle édition entièrement mise à jour.

LA BIBLIOTHÈQUE DES ARTS – PARIS

PRÉFACE POUR LA NOUVELLE ÉDITION

Quinze années se sont écoulées depuis la publication de ce livre et le paysage de la statuaire parisienne s'est sensiblement modifié. Dans les années 1980 tout particulièrement, un effort considérable a été accompli en faveur de la sculpture d'aujourd'hui. Renouant avec une tradition abandonnée depuis près d'un siècle, de nombreuses commandes publiques ont été passées à des artistes contemporains. Leurs œuvres ont pris place, non plus dans le lointain Parc Floral du bois de Vincennes mais en plein Paris, en des lieux aussi fréquentés que la gare Saint-Lazare, les jardins des Champs-Elysées et le Palais-Royal. Enfin, une initiative exemplaire, la création, sur le quai Saint-Bernard, d'un musée de sculpture en plein air, est à mettre à l'actif de la ville de Paris.

De la statue de *Georges Pompidou* au monument dédié au *général Kœnig*, de l'*Hommage à Picasso* de César à l'*Oiseau lunaire* de Miro, de la *Foule* de Raymond Mason aux sculptures en acier de Lardera, il y a là aussi bien des œuvres classiques que des réalisations d'avant-garde, une avant-garde tantôt acceptée, plus souvent contestée par le conservatisme viscéral de l'opinion publique française. A cet égard, il faut évidemment évoquer les fameuses colonnes de Buren dont l'implantation, dans la cour du Palais-Royal, a déclanché une violente polémique dont les motivations n'étaient pas qu'esthétiques. Sans porter un jugement sur l'œuvre elle-même, il est curieux de constater que ses pourfendeurs les plus acharnés, qui l'accusent de dénaturer le site, ne s'étaient guère manifestés contre le parking qui, depuis des dizaines d'années, le défigurait réellement.

Autre opération positive, le «sauvetage», en 1984-1985, des *Chevaux* de Coustou, de la *Renommée* et du *Mercure* de Coysevox, place de la Concorde, et leur remplacement, après transfert au musée du Louvre, par des moulages en marbre reconstitué. Nous disons bien «moulages» et non «copies» comme on l'entend trop souvent répéter. Réalisé par M. Michel Bourbon, ce travail, particulièrement délicat, consiste à introduire, dans les moules pris sur les originaux, une poudre de marbre de Carrare mélangé à quelques autres matériaux. Humidifiée au moment de la «coulée», cette poudre, en séchant, a donné naissance à des reproductions absolument identique des quatre groupes dans leur état actuel, avec les usures et les menus accidents dus à leur âge. Sans présumer de l'avenir, il faut reconnaître que le résultat est étonnant. En raison des agressions persistantes de la pollution et en l'absence de procédés réellement efficaces pour protéger la pierre et le marbre, on peut se demander si ce type d'opération ne devrait pas faire école.

Si certaines des critiques et remarques contenues dans l'introduction de la première édition doivent être révisées, d'autres conservent toute leur actualité. Car tout n'est pas aussi rose au royaume des statues de la capitale. Dans les rues et plus encore dans certains parcs et jardins, nombre d'entre elles apparaissent dans un état lamentable, dégradées, mutilées, sales, couvertes de mousse et de graffitis, peu ou pas entretenues. Elles semblent abandonnées, posées là par hasard comme des accessoires sans aucun intérêt. A l'excuse facile du vandalisme – bien réel, hélas, et qui donne l'impression de se développer en toute impunité – on ne peut que répondre: surveillance et entretien. Des enfants escaladent allègrement les statues sans que retentisse le moindre coup de sifflet. Où sont donc les gardiens? Combien sont-ils? Que peuvent-ils faire? Autant de questions qu'il serait urgent de se poser.

En fait, si des statues ne présentent pas d'intérêt, il faut les remplacer. Si elles en présentent, il faut les maintenir en bon état. Et pour toutes, il faut justifier leur présence en attirant sur elles l'attention du public par des plaques précisant leur titre et leur auteur. Combien d'étrangers, voire de Français, reconnaissent le *président Pompidou*, sur la pelouse du jardin des Champs-Elysées si on ne le leur signale? Qui saura que le *Triomphe de la République*, place de la Nation, est une des œuvres majeure de Jules Dalou si aucune inscription ne l'indique? Il n'y a pas que des érudits qui parcourent les rues de Paris!

Le nombre d'œuvres «nouvelles» citées dans ce «Nouveau» Guide des statues de Paris, est considérable. La mise à jour de l'ouvrage a par ailleurs permis de constater l'implantation récente d'œuvres plus anciennes, sorties des différents dépôts où elles étaient reléguées, et le déplacement ou la suppression de certaines autres.

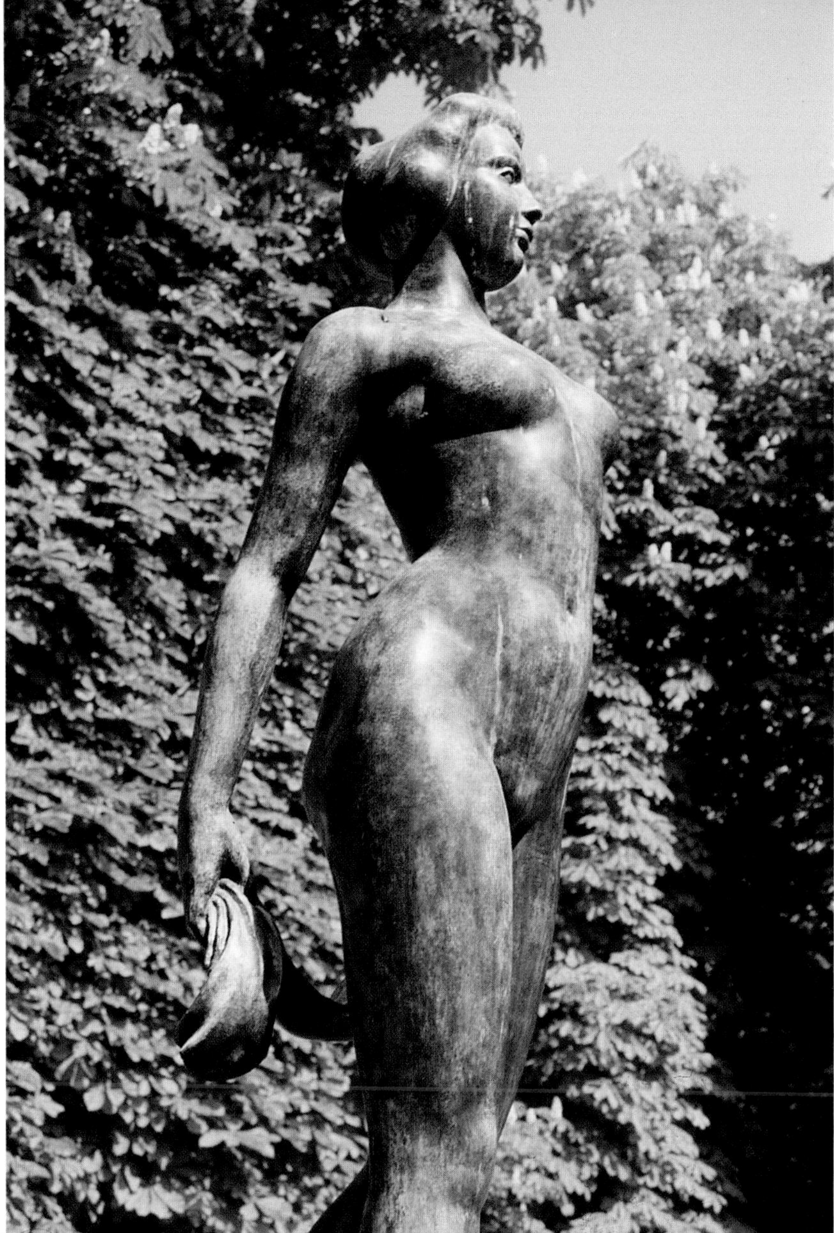

Musée Maillol en plein air, le jardin du Carrousel est orné, depuis 1964, d'une vingtaine de bronzes – ici l'Ile de France – du célèbre sculpteur. Ces œuvres ont été momentanément déplacées aux Tuileries pendant les travaux du Grand Louvre.

Si les atlantes, cariatides et génies qui ornent les façades d'immeubles ne peuvent entrer dans le cadre de cet ouvrage en raison de leur nombre – une exposition au musée d'Art et d'Essai, en 1978, en a répertorié près de cinq cents – une exploration plus attentive a été menée dans le domaine des cimetières. L'art funéraire a donné naissance à des œuvres parfois étranges, rarement de bon goût, mais caractéristiques de la sensibilité de leur époque. Quelques-unes parmi les plus typiques ou les plus étonnantes méritent d'être signalées.

La «sculpture dans la rue» porte témoignage de son temps. Elle appartient à ce patrimoine culturel dont on parle tant aujourd'hui. Encore faut-il mettre ce patrimoine en valeur et le sauvegarder. Faute de quoi il risquerait d'apparaître aux générations futures comme un champ de ruines.

INTRODUCTION

Statues, groupes, monuments commémoratifs, bas-reliefs, cariatides, frontons: il en existe à Paris des quantités innombrables. Tout le monde connaît les *Chevaux de Marly*, le *Henri IV* du Pont-Neuf, la *Fontaine Saint-Michel*. Mais l'*Alexandre Dumas fils*, si typiquement «1900», le *Baiser* de Brancusi, la *fontaine de Stahly*, tant d'autres œuvres, géniales ou non mais rarement négligeables, restent à peu près ignorées. Elles se trouvent pour la plupart réunies dans cet ouvrage, aussi bien les statues et groupes érigés dans les rues et les jardins que les sculptures décoratives qui ornent les palais, les arcs de triomphe et les principaux monuments. Leurs auteurs: près de cinq cents sculpteurs aussi connus que Jean Goujon et Rodin, aussi obscurs que Badiou de la Tronchère, aussi inattendus que Gustave Doré.

La sculpture a toujours constitué pour l'homme un remède contre l'oubli, une possibilité de perpétuer son image en des matériaux durables. Pour exprimer ses sentiments et ses rêves, pour imposer sa puissance, pour commémorer ses héros, pour exalter sa gloire, il n'a cessé de pétrir la terre, de tailler la pierre, de couler le bronze. Non sans illusions. Le tribun pétrifié qui harangue les foules ne s'adresse plus qu'à des passants indifférents. Si des regards se tournent vers lui, ce n'est plus le personnage statufié qui est en cause mais l'œuvre de l'artiste. Aujourd'hui, le *Balzac* de Rodin est d'abord un Rodin avant d'être Balzac et la *Marseillaise* de l'Arc de Triomphe évoque davantage le talent de Rude que la naissance de la République. Les effigies royales ont été déboulonnées par les révolutionnaires de 1789 parce qu'elles possédaient encore une signification précise. De nos jours, la République s'en accommode fort bien. Quant aux statues des cathédrales, croyants et athées ne les admirent pas moins, mais beaucoup plus pour leurs qualités plastiques que pour leur sens religieux. Après avoir personnifié un sujet, la statue est devenue objet: elle orne la ville. Ce rôle d'ailleurs, est loin d'être négligeable; de tout temps, nombre d'œuvres – des nus de l'Antiquité aux mobiles de Calder – n'ont rien cherché d'autre que d'inscrire dans le ciel et la lumière des figures et des formes agréables à regarder.

Il faut chercher aux tympans et dans les voussures des portails de Notre-Dame les plus anciennes sculptures conservées sur un monument parisien. Elles datent des 13e et 14e siècles. La seule grande statue rescapée de l'iconoclasme révolutionnaire, la *Vierge à l'Enfant* du portail septentrional, compte, bien que mutilée, parmi les premières œuvres majeures de l'art gothique.

Avec la Renaissance, tout un cortège de dieux et de demi-dieux, de nymphes et de renommées, surgit de l'antiquité gréco-romaine et prend possession de l'Occident. Des nymphes, le prestigieux Jean Goujon en a laissé quelques-unes, d'une suprême élégance, sur les façades du Louvre, de la fontaine des Innocents et de l'hôtel Carnavalet.

Au 17e siècle, les sculpteurs de Versailles ne dédaignaient pas pour autant Paris. Desjardins, Marsy, Le Gros, Le Hongre, se partagent les bas-reliefs de la Porte Saint-Martin. Au début du 18e siècle, Coysevox travaille pour Marly, Coustou également une cinquantaine d'années plus tard. Par une curieuse coïncidence, quelques-unes de leurs œuvres les plus remarquables ont quitté l'ancienne demeure royale pour la place de la Concorde. Du premier, le *Mercure et la Renommée* flanquent la grille des Tuileries. Du second, les fameux *Chevaux de Marly* marquent l'entrée des Champs-Elysées.

Après Bouchardon qui annonce le néo-classicisme à la *Fontaine des Quatre-Saisons*, rue de Grenelle, les sculpteurs de la fin du 18e siècle et de l'Empire, Houdon, Chaudet, Moitte, Ramey, Boizot, Cartellier, décorent les monuments élevés ou achevés à cette époque. Le Panthéon, le Palais de la Légion d'Honneur, l'Arc de Triomphe du Carrousel, le Louvre, le Palais Bourbon, ainsi que les fontaines bâties en 1806 sur l'ordre de Napoléon 1er après la captation des eaux de l'Ourcq, sont ornés de bas-reliefs «à l'antique».

A partir des années 1830, le 19e siècle, qu'il soit royal, impérial ou républicain, devient surtout «bourgeois». Sur les places publiques, ministres et conseillers municipaux, négociants et artistes, savants et explorateurs, remplacent les rois et les empereurs. Aux nobles silhouettes vêtues de pourpoints à dentelle ou drapées à la romaine, se substituent des personnages barbus en redingotes et hauts-de-forme. Le romantisme y ajoute ses scènes historiques et ses pastorales attendrissantes tandis que des figures éplorées se

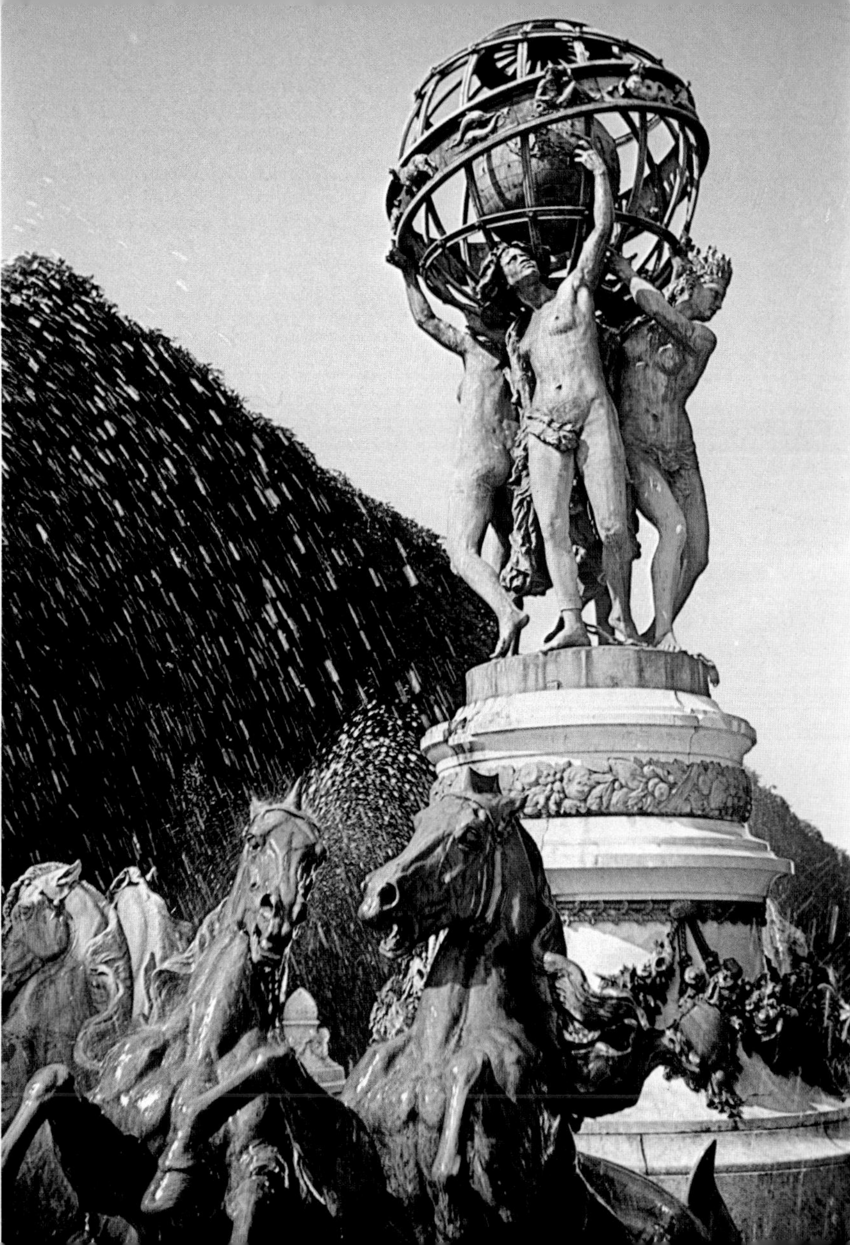

Les Quatre parties du monde, qui surmontent la fontaine élevée en 1875 avenue de l'Observatoire, comptent parmi les chefs-d'œuvre de Jean-Baptiste Carpeaux. Huit chevaux marins, exécutés par Emmanuel Frémiet, complètent cet ensemble, l'un des plus remarquables de la sculpture du 19e siècle à Paris.

lamentent sur les tombes des grands et des moins grands hommes.

Tout n'est pas sans valeur dans cette «statuomanie» qui, surtout à la fin du siècle, envahit les rues de la capitale (une quinzaine de statues en 1880, soixante-dix en 1900, cent vingt en 1910). Quelques «navets» restent irrécupérables, mais, bien souvent le réalisme consciencieux de ces œuvres a quelque chose de touchant et d'édifiant qui mérite davantage qu'un regard distrait. Et puis, très haut au-dessus de la mêlée surgissent quelques génies exceptionnels qui vont dominer le 19e siècle. François Rude est de ceux-là. Il marque la période romantique d'un chef d'œuvre universellement connu, la *Marseillaise*, et quelques autres monuments de premier ordre parmi lesquels le *Maréchal Ney* du carrefour de l'Observatoire. Sans posséder une telle envergure, d'autres sculpteurs de valeur concourent à l'ornementation de la capitale, notamment David d'Angers, avec le fronton du Panthéon, James Pradier, Francisque Duret, Barye, le célèbre animalier, Etex et Bosio.

Le Second Empire et les premières décennies de la Troisième République voient se développer une production éclectique, abondante et surchargée. De nombreux artistes, parfois trop oubliés, participent aux grandes entreprises de l'époque – le Nouveau Louvre, l'Opéra, le Grand et le Petit-Palais – ainsi qu'à la décoration des immeubles dont se couvre le Paris d'Haussmann. Ils ont noms Falguière, Frémiet, Bartholdi, les plus connus, mais aussi Eugène Guillaume, Aimé Millet, Jouffroy, Chapu, Marqueste, Injalbert, etc. Tous sont éclipsés par la grâce et le rythme irrésistible de Carpeaux, par le naturalisme de Dalou et plus encore par le lyrisme et l'extraordinaire force d'expression de Rodin. Du premier, on admire le célèbre groupe de la *Danse* à l'Opéra, aujourd'hui remplacé par une copie, et aussi le fronton du pavillon de Flore et la Fontaine des Quatre parties du monde. Du second, le *Triomphe de la République* se dresse place de la Nation et le monument à Delacroix dans le Jardin du Luxembourg. Quant à Rodin, Paris a fini par accueillir deux de ses œuvres immortelles longtemps contestées: le *Victor Hugo* et surtout le fameux *Balzac* dont l'étonnante silhouette déchaîna la tempête.

A l'aube du 20e siècle, tandis que la «belle époque» répand ses charmes virevoltants, Bourdelle assure la transition entre les derniers assauts du romantisme et les nouvelles tendances de la sculpture. Les bas-reliefs du théâtre des Champs-Elysées témoignent de son sens du monumental. Maillol, pour sa part, retrouve la plénitude et le calme de la statuaire grecque en des figures aujourd'hui réunies sur les pelouses du Carrousel.

La sculpture de l'entre-deux-guerres révèle une période instable et éclectique où se rencontrent de multiples courants: l'archaïsme, l'art médiéval, l'Extrême-Orient, le cubisme. Les œuvres, exécutées pour la plupart à l'occasion de l'exposition de 1937, portent, entre autres signatures, celles de Bouchard, de Drivier, de Gimond, de Janniot, de Landowski, de Poisson, de Saupique, de Wlérick.

Le dernier quart de siècle n'a guère été prolifique si l'on excepte un certain nombre de statues qui auraient aussi bien pu voir le jour il y a cinquante ou cent ans. Quelques commandes, passées à des artistes plus représentatifs des temps présents, n'ont pas trouvé grâce devant le traditionalisme officiel. L'*Etienne Dolet* de Couturier, le *Lavoisier* de Zadkine, se sont vu refuser le droit de cité dans Paris. Henry Moore et Calder, deux des plus grands maîtres de l'art actuel, y figurent pourtant, mais, si l'on peut dire, en terre internationale, dans les jardins de l'UNESCO. Seul, le Parc Floral a ouvert ses portes à la sculpture d'aujourd'hui. Gilioli, Giacometti et Dodeigne, Schöffer et Stahly, Laurens et Agam y composent un véritable musée en plein air. Mais le Parc Floral est situé dans le bois de Vincennes, loin du centre de la capitale, loin des jardins des Champs-Elysées qui avaient été envisagés, puis refusés, pour une telle expérience. Un timide effort est cependant tenté par les responsables municipaux. Après qu'une œuvre de Picasso eut trouvé place à l'ombre du clocher de Saint-Germain-des-Prés, deux bronzes d'Henri Laurens vont être érigés sur les pelouses du parc Monsouris et l'*Oiseau lunaire* de Miro dans un square du 15e arrondissement.

Il n'est pas question de remplacer toutes les statues de Paris par des œuvres contemporaines. Pas davantage de multiplier celles-ci à l'excès. Ni de choisir systématiquement les plus «audacieuses» d'entre elles. Mais en évitant le danger de la «statuomanie» ou celui des statues commandées à n'importe qui et placées n'importe où, il s'agit de prévoir une répartition équilibrée d'œuvres de toutes les époques. A la suite de la destruction d'un certain nombre de bronzes par les autorités d'occupation au cours de la dernière guerre, des jardins comme les Buttes-Chaumont et le Ranelagh se trouvent complètement démunis de statues. Il faudrait les «repeupler» et peut-être axer certains d'entre

Jardin du Carrousel: la Rivière, par Maillol.

eux sur une époque ou sur un thème particulier – par exemple, les animaliers – ou encore sur un sculpteur, comme le jardin du Musée Rodin ou celui du Carrousel consacré à Maillol (il est parfois possible, lorsqu'il n'en existe pas, de tirer des bronzes d'après des œuvres originales). Il faudrait, en même temps, mettre l'accent sur cette notion de musée en plein air, attirer par des étiquettes, discrètes mais lisibles, l'attention des promeneurs sur les statues qu'ils côtoient chaque jour sans les regarder. Il faudrait encore éviter d'exiler les œuvres anciennes les plus remarquables dans les musées (une dizaine aux Tuileries en quelques années): les statues sont faites avant tout pour être vues en plein air. La mise au point des procédés susceptibles de protéger la pierre et le marbre contre les effets de la pollution doit être activement poussée. Il faudrait enfin entretenir et restaurer régulièrement les statues et supprimer, à défaut de pouvoir les réutiliser, les socles vides, désaffectés depuis trente ans par les fontes de l'occupation. Mais tout cela coûte cher et il en coûte également très cher de commander des statues nouvelles. Plusieurs administrations, notamment les services municipaux, la Conservation et l'Agence d'architecture du Louvre (pour le Jardin des Tuileries qui appartient à l'Etat), le Sénat (pour le Jardin du Luxembourg), auxquelles s'ajoutent les Monuments historiques pour les statues et bâtiments classés, se trouvent concernées. Elles font de leur mieux: ce n'est pas suffisant.

Toute la politique de la sculpture dans la ville doit être repensée ou même tout simplement «pensée». Au niveau de l'élaboration des programmes et des budgets, il ne peut s'agir d'un accessoire, d'un poste facultatif et sans importance. Au même titre que l'architecture, les statues façonnent le visage d'une cité. Elles créent des points de repère, elles personnalisent une place, elles animent un jardin. Ainsi en est-il des statues de Paris. Une foule de personnages et de figures de toutes sortes y côtoient les sommets de l'art plastique. Les goûts, les sentiments, les espoirs, les révoltes des hommes et des siècles s'y expriment à profusion, mêlés d'imprévu et de pittoresque. Il faut savoir les chercher, les découvrir, les regarder.

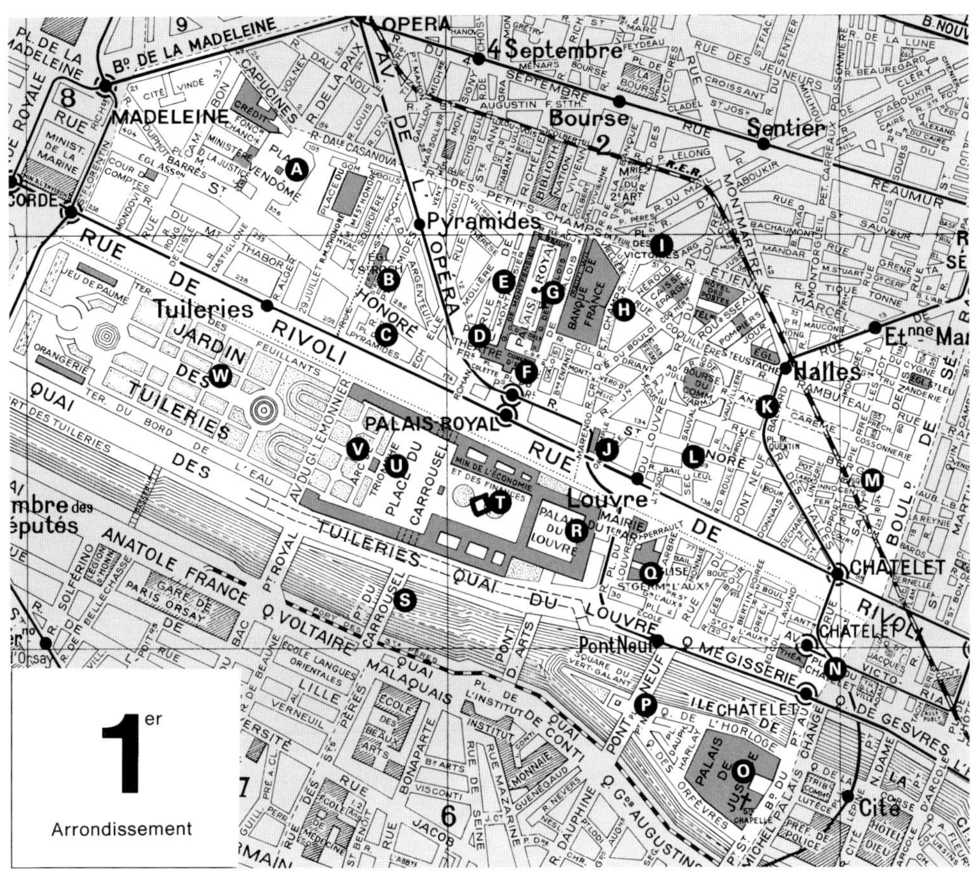

1er
Arrondissement
OPERA
4 Septembre
Bourse
Sentier
MADELEINE
Bd DE LA MADELEINE
RUE ROYALE
MINIST. DE LA MARINE
PL. VENDÔME
Pyramides
PALAIS ROYAL
BANQUE DE FRANCE
Tuileries
RUE DE RIVOLI
JARDIN DES TUILERIES
ORANGERIE
JEU DE PAUME
QUAI DES TUILERIES
PALAIS-ROYAL
PLACE DU CARROUSEL
PALAIS DU LOUVRE
Louvre
BOURSE DU COMM.
Halles
Etnne Marcel
CHATELET
PontNeuf
Q. MÉGISSERIE
PALAIS DE JUSTICE
Cité
QUAI DU LOUVRE
QUAI MALAQUAIS
Q. VOLTAIRE
QUAI ANATOLE FRANCE
GARE DE PARIS ORSAY
ÉCOLE DES BEAUX ARTS
INSTITUT
RUE MONTMARTRE
BOUL. DE SÉBASTOPOL
RÉAUMUR
A
B
C
D
E
F
G
H
I
J
K
L
M
N
O
P
Q
R
S
T
U
V
W

1 LES STATUES DE PARIS

COLONNE VENDOME
PLACE VENDOME (A)*

Haut de 44 mètres, appelé aussi colonne de la Grande Armée, ce monument élevé à la gloire de l'empereur Napoléon Ier remplace depuis 1810 la statue de Louis XIV par Girardon, détruite à la Révolution. Imitation de la colonne Trajane, à Rome, il est constitué d'un noyau de maçonnerie et d'un revêtement exécuté avec le bronze de 1200 canons pris aux Russes et aux Autrichiens à la bataille d'Austerlitz.

● Au sommet, la statue en bronze de *Napoléon en César* (H 3 m 57), par Augustin Dumont, date de 1863. Renversée avec la colonne pendant la Commune à la demande et sous la direction de Gustave Courbet, elle fut restaurée et remise en place en 1875 aux frais du célèbre peintre, condamné pour «complicité et abus d'autorité». La *Victoire* que porte Napoléon Ier dans sa main droite a été refaite à cette époque par Antonin Mercié.

La première statue de l'Empereur, qui couronnait la colonne au moment de son inauguration, était due au sculpteur Chaudet (la statue actuelle s'en inspire de très près). Renversée en 1814 au moment de l'entrée des alliés à Paris, elle servit à fondre, quatre

Les bas-reliefs de la colonne Vendôme.

*Les lettres renvoient au plan de chaque arrondissement.

ans plus tard, le *Henri IV* équestre du Pont-Neuf. Elle fut remplacée, sur la colonne Vendôme, d'abord par une fleur de lis, puis en 1833 par un Napoléon en redingote, d'Emile Seurre, qui sera remplacé par la statue actuelle en 1863. L'œuvre d'Emile Seurre domine aujourd'hui la cour des Invalides après avoir connu des aventures mouvementées. 1

● Le fût de la colonne est orné de soixante-seize bas-reliefs en bronze qui se développent en spirale sur une longueur de 160 mètres. Ils relatent les hauts faits de l'Empereur entre 1805 et 1807. Parmi les trente-deux sculpteurs qui ont exécuté cet ensemble figurent notamment F.-J. Bosio, Boizot, Clodion, Dumont, Gérard, Taunay. Les scènes représentent surtout des victoires sur les Autrichiens. Aussi, l'inauguration de la colonne Vendôme fut-elle quelque peu escamotée: Napoléon venait d'épouser Marie-Louise, fille de l'empereur d'Autriche!

ÉGLISE SAINT-ROCH
296, RUE SAINT-HONORÉ (B)

Façade classique de 1736 dont le décor d'origine, disparu à la Révolution, a été en partie reconstitué.

Au rez-de-chaussée, à gauche, *Saint Honoré,* par Eugène Aizelin; à droite, *Saint Roch,* par Pierre Loison.

A l'étage, à gauche, *Saint Geneviève* par Eugène Aizelin; à droite, *Sainte Clotilde,* par Pierre Loison. Ces quatre statues datent de 1873.

A l'amortissement des ailerons, les *Quatre Pères de l'Eglise latine* n'ont été sculptés qu'en 1943 par Chauvenet et Michelet.

La grande coquille du fronton remplace les armes de France. L'intérieur de cette église constitue un véritable musée de la sculpture religieuse et funéraire des 17e et 18e siècles.

Une des fontaines du Théâtre-Français.

1 PLACE DES PYRAMIDES (C)

Statue équestre de Jeanne d'Arc. Cette œuvre en bronze doré, dressée sur un socle beaucoup trop bas, est due à Emmanuel Frémiet. Elle a été érigée en 1874 à l'emplacement approximatif où l'héroïne aurait été blessée alors qu'elle tentait sans succès de pénétrer dans Paris. En fait, l'œuvre actuelle daté de 1899, Frémiet ayant remplacé la première version par une seconde statue, peu différente de la première.

FONTAINES DU THÉATRE-FRANÇAIS
PLACE DU THÉATRE-FRANÇAIS (D)

Ces deux fontaines, très admirées du baron Haussmann, ont été élevées en 1874 par un de ses collaborateurs, l'architecte Davioud, à l'extrémité de l'avenue de l'Opéra récemment percée. Elles sont décorées de statues en bronze, d'une grâce un peu mièvre, mais non dépourvues de charme. La fontaine située à l'entrée de la rue de Richelieu, est surmontée d'une *Nymphe fluviale,* par Mathurin Moreau. A la base, *Ronde d'enfants,* également en bronze, par Charles Gauthier.

Côté rue Saint-Honoré, au sommet, une *Nymphe marine*, par Carrier-Belleuse, un des précurseurs de l'«Art nouveau». A la base, *Ronde d'enfants,* par Louis Eudes.

FONTAINE MOLIÈRE
ANGLE RUE DE RICHELIEU–
RUE MOLIÈRE (E)

Ce monument, élevé en 1844 par l'architecte Visconti, commémore le génie du grand écrivain, mort en 1673 au n° 40 de la rue de Richelieu. Il occupe l'emplacement d'une ancienne fontaine du 17e siècle, dite de l'Echaudée. L'ensemble reflète le

Fontaine Molière: la Comédie sérieuse, par Pradier.

style caractéristique de l'époque Louis-Philippe.

La niche monumentale encadrée de lourdes colonnes, abrite une statue en bronze, plus grande que nature, de *Molière assis en méditation,* par Bernard Seurre.

De part et d'autre du socle: la *Comédie sérieuse* (à gauche) et la *Comédie légère,* statues en marbre d'une élégance un peu maniérée, par James Pradier.

Le lourd fronton est orné d'un *Génie assis* sur d'opulentes guirlandes, également sculpté par Pradier.

PLACE COLETTE (F)

Sous les arcades du Théâtre-Français, buste en marbre de *Gustave Larroumet,* par Paul Roussel.

PALAIS-ROYAL
PLACE DU PALAIS-ROYAL (F)

● La façade sur la place, bâtie en 1763, a été restaurée après l'incendie de 1871. Au fronton du pavillon de gauche: *Femmes et enfants avec un écusson à couronne ducale,* sculptés par Augustin Pajou en 1765. De part et d'autre du fronton, les trophées d'armes, hauts de 2 m 15, sont dus également à Pajou. Les frontons et les sculptures du bâtiment central et du pavillon de droite datent des restaurations du 19e siècle.

● La façade sur jardin a été élevée, la partie gauche, en 1763, celle de droite, en 1786 et achevée seulement en 1829. L'avant-corps de gauche est orné de quatre statues en pierre de 2 m 90 de haut; de gauche à droite: les *Talents militaires,* la *Prudence,* la *Libéralité,* les *Beaux-arts* par Augustin Pajou (1766). Sur l'avant-corps de droite: la *Science,* le *Commerce,* l'*Agriculture,* la *Navigation,* sculptés en 1830 par Antoine Gérard.

● Dans la cour du Palais-Royal, *Colonnes* de Daniel Buren (1986).

● Entre les colonnades de la galerie d'Orléans, au centre des deux bassins, fontaines en acier inoxydable de Pol Bury.

JARDINS DU PALAIS-ROYAL (G)

Ce grand quadrilatère de 225 m × 90 m est entouré de bâtiments élevés par l'architecte Victor Louis en 1784.

En partant du Palais-Royal, on rencontre successivement: le *Charmeur de serpent,* marbre par Adolphe Thabard (1875). Le *Pâtre et la chèvre,* marbre par Paul Lemoyne (1830), enfin le grandiloquent *Génie latin,* de Jean Magron (1920), offert à la France par les nations latines d'Europe et d'Amérique.

BANQUE DE FRANCE
39, RUE CROIX-DES-PETITS-CHAMPS (H)

Le fronton de ce bâtiment, construit en 1853, est orné d'une allégorie représentant la *Paix répandant ses bienfaits sur le commerce et l'industrie,* sculptée par Carrier-Belleuse.

PLACE DES VICTOIRES (I)

Statue équestre de Louis XIV, en bronze, exécutée par François-Joseph Bosio en 1822. La prestance du roi, sur son cheval cabré, s'inspire des meilleurs modèles du 17e siècle. Le socle, en revanche, est orné par le même sculpteur de deux bas-reliefs de faible qualité: le *Passage du Rhin* et *Louis XIV distribuant des récompenses militaires.*

Cette statue occupe l'emplacement du *Louis XIV à pied,* sculpté par Martin Desjardins en 1678. Après

1

Place René Cassin: Ecoute, par Henri de Miller.

sa destruction au moment de la Révolution, l'œuvre de Desjardins fut provisoirement remplacée par une pyramide à la gloire des armées républicaines puis, de 1806 à 1815, par une statue de Desaix qui servira, en 1818, à la fonte de l'actuel *Henri IV* du Pont-Neuf.

160, RUE DE RIVOLI (J)

Monument à l'amiral de Coligny, en marbre, élevé par Gustave Crauk au chevet du temple de l'Oratoire en 1889. La statue de l'amiral est flanquée des figures de la *Patrie* et de la *Religion.*

BOURSE DU COMMERCE RUE DE VIARMES (K)

L'ancienne halle aux blés, reconstruite en 1887, est ornée d'un fronton que surmonte un groupe allégorique, la *Ville de Paris protégeant le commerce et l'industrie,* sculpté par Onésime Croisy.

PLACE RENÉ CASSIN (K)

Devant le portail de l'église Saint-Eustache, *Ecoute,* tête et main monumentales en grès, par Henri de Miller (1986).

FORUM DES HALLES (K)

● Au centre de la place des Verrières, groupe en marbre rose du Portugal intitulé *Pyegemalion,* par Julio Silva (1979).

Forum des Halles: Pyegemalion, par Julio Silva.

● Dans le hall souterrain du métro Châtelet, *Point de Rencontre*, groupe en bronze doré, par Ilio Signori et *Energies*, grand bas-relief également en bronze doré, par Pierre Yves Trémois (1977).

FONTAINE DE LA CROIX DU TRAHOIR CARREFOUR RUE SAINT-HONORÉ–RUE DE L'ARBRE-SEC (L)

Pavillon haut de 14 mètres, élevé en 1775 par Soufflot, l'architecte du Panthéon, à l'emplacement d'une fontaine du 16e siècle. Toute l'ornementation est due au sculpteur Simon Boizot, y compris le très élégant bas-relief représentant une nymphe. A remarquer les motifs de stalactites qui ornent les pilastres et l'entablement ainsi que les curieux chapiteaux décorés de coquilles et de concrétions.

Le nom de cette fontaine proviendrait d'une croix voisine, appelée aussi Croix du Tirouer, érigée au 13e siècle, en un lieu où l'on triait (ou tirait) les animaux de boucherie.

FONTAINE DES INNOCENTS SQUARE DES INNOCENTS (M)

Bâti et sculpté en 1549 par Jean Goujon, ce petit édifice, l'un des plus parfaits que la Renaissance ait laissé à Paris, apparaissait à l'origine, sous la forme d'une loggia à trois arcades plaquée contre l'église des Saints-Innocents. Sauvé de justesse en 1787, au moment de la démolition de l'église, il est transporté au centre du marché qui remplace les anciens charniers, eux aussi supprimés. Une quatrième face doit être ajoutée. La sculpture en est confiée à Augustin Pajou.

Fontaine des Innocents: Nymphes, par Jean Goujon.

1 En 1858, le marché des Innocents disparaît à son tour. Un square le remplace et la fontaine est une nouvelle fois déplacée de quelques mètres. Elle s'élève désormais sur les bassins en gradins que l'on voit aujourd'hui.

Fins et souples comme des figures de médailles, les bas-reliefs de Jean Goujon représentent, sur les pilastres, de gracieuses *Nymphes des eaux* et, sur l'entablement, des *Tritons et des enfants.* Ils s'inspirent avec discrétion de la Renaissance italienne. Pajou, pour sa part, a su s'effacer avec humilité devant l'œuvre de son prédécesseur. Il a exécuté entièrement la face sud (côté rue de la Ferronnerie) ainsi que la nymphe de gauche et le bas-relief de la façade occidentale. Tout le décor de la fontaine des Innocents exalte l'élément liquide qui pourtant faisait tant défaut au moment de sa construction. En fait, elle ne fut réellement alimentée qu'en 1812, après la captation des eaux de l'Ourcq.

FONTAINE DU CHATELET
PLACE DU CHATELET (N)

Fontaine de la Victoire, fontaine du Palmier, tels sont les autres noms donnés à cette construction élevée en 1808, par l'ingénieur Bralle et le sculpteur Simon Boizot pour commémorer les victoires impériales. D'abord située une douzaine de mètres à l'est de son emplacement actuel, elle a été déplacée d'un seul bloc en 1858, à la suite des transformations du quartier effectuées par Haussmann. Le piédestal, flanqué de quatre sphinx en pierre sculptés par Henri Jacquemart, date de cette époque; il a fait passer le monument de 18 à 22 mètres de haut.

La partie primitive de la fontaine, sculptée par Boizot, se compose d'une colonne palmiforme qui rappelle la vogue de l'Egypte au début de l'Empire. Sur le fût sont gravées les victoires de Napoléon en Italie et en Egypte. A la base, les cornes d'abondance, terminées par des têtes de dauphins en bronze sont surmontées de quatre statues qui symbolisent la *Vigilance,* la *Justice,* la *Force* et la *Prudence.*

Au sommet, la *Victoire,* en bronze doré, est une copie de la statue originale qui se trouve aujourd'hui reléguée dans le Jardin du Musée Carnavalet.

PALAIS DE JUSTICE
BOULEVARD DU PALAIS (O)

● La façade principale, dite de la Cour de Mai, sur le boulevard du Palais, a été reconstruite vers 1780. L'attique du pavillon central est ornée de quatre statues en pierre de 1781; de gauche à droite, l'*Abondance,* par Pierre Berruer, la *Prudence* et la *Justice,* par Félix Lecomte, la *Force,* par Pierre Berruer. Horloge surmontée de deux génies ailés portant un écusson frappé des armes royales, sculpté par Augustin Pajou.

● Horloge du Palais (à l'angle du boulevard du Palais et du quai de l'Horloge). Les figures en pierre peinte qui accompagnent le cadran, exécutées au 16e siècle, ont été refaites en 1851 par le sculpteur Toussaint.

● Façade nord, quai de l'Horloge. Au-delà des bâtiments de la Conciergerie, la Cour de cassation a été élevée en 1861 par l'architecte Joseph Duc. Le pavillon central est orné de quatre figures allégoriques – de gauche à droite, la *Force,* la *Justice,* l'*Innocence,* le *Crime* – par Eugène Lequesne, et d'un fronton où les armes impériales sont encadrées par la *Loi protégeant l'Innocence,* et la *Loi punissant le coupable,* sculptées par Louis Cugnot. Au-dessus de la baie du premier étage, *Deux enfants soutenant le miroir de la vérité,* par Henri Chapu.

● Façade occidentale, rue de Harlay, construite par Duc de 1857 à 1868. Entre les colonnes, six grandes figures debout, symbolisent, de gauche à droite, la *Prudence* et la *Vérité,* par Augustin Dumont, le *Châtiment* et la *Protection,* par François Jouffroy, la *Force* et l'*Equité,* par Jean-Louis Jaley. Le grand escalier est flanqué de deux majestueux lions couchés d'abord commandés à Barye puis, finalement, à Isidore Bonheur, le frère du peintre Rosa Bonheur.

● Façade sud, quai des Orfèvres, à l'angle du boulevard du Palais, élevée de 1911 à 1914. Au premier étage, des niches trop étroites abritent quatre souples et élégantes figures féminines en pierre, d'esprit très «1900». De gauche à droite, la *Vérité,* par Henry Lombard, le *Droit,* par André Allar, l'*Eloquence,* par Raoul Verlet, la *Clémence,* par Jules Coutan. Sur la tour, à gauche de cette façade, cadran solaire orné d'un bas-relief: le *Temps et la Justice,* sculpté par Antoine Injalbert.

TERRE-PLEIN DU PONT-NEUF (P)

Statue équestre de Henri IV, exécutée en 1818 par François Lemot avec le bronze provenant de la fonte des *Napoléons* de la colonne Vendôme et de la colonne de Boulogne-sur-mer et du *Desaix* de la place des Victoires. Le socle est orné de deux bas-reliefs du même sculpteur: *Henri IV faisant entrer des vivres dans Paris assiégé* et *Entrée du roi à Paris.*

On raconte qu'un ouvrier fondeur (et frondeur) du nom de Mesnel aurait enfermé, dans le bras droit du roi, une statuette de Napoléon Ier et, dans le ventre du cheval, des écrits et des chansons anti-royalistes. En outre, divers documents ont été placés dans le socle, notamment les procès-verbaux d'inauguration des statues précédentes. La première statue de Henri IV érigée à cet endroit en 1614, avait été fondue à Florence par Pierre Tacca sur le modèle de Franqueville, un élève de Jean de Bologne. Embarquée à Livourne en 1613, coulée en mer, repêchée 1
un an plus tard, elle fut finalement placée sur un socle en marbre que *Quatre esclaves enchaînés,* en bronze, de Franqueville et Bordoni (aujourd'hui au Louvre) vinrent orner en 1685.

Renversée et détruite en 1792, cette statue fut remplacée en 1810, par un obélisque en charpente et en toile, modèle du monument que Napoléon voulait faire élever à cet endroit à la gloire du peuple puis, en 1814, par une statue provisoire de *Henri IV,* en plâtre, due à Roguier.

PONT-NEUF (P)

Le plus ancien pont de Paris, en dépit de son nom, a été bâti de 1578 à 1607. Les mascarons à têtes de faune qui le décorent ont été en partie sculptés par Germain Pilon, l'un des plus grands sculpteurs de la Renaissance française, et refaits, d'après les originaux, par Aimé Milhomme en 1817.

ÉGLISE SAINT-GERMAIN L'AUXERROIS 2, PLACE DU LOUVRE (Q)

Bâtie en grande partie au 15e siècle en style flamboyant, cette église est pourvue d'une ornementation sculptée particulièrement abondante et variée.

● Façade. Décor d'inspiration florale et animale souple et déchiqueté, caractéristique du gothique flamboyant. Motifs les plus courants: choux frisés, chardons, vigne, lézards, oiseaux et animaux fantastiques.

Statues refaites en 1841 par Louis Desprez. La statue de *Sainte Marie l'Egyptienne* (sous l'arcade de gauche) est une copie de l'original, une œuvre très remarquable de la fin du 15e siècle, mise à l'abri dans la chapelle de la Vierge.

1 A hauteur de la balustrade surgissent huit gargouilles; de gauche à droite: 1. animal fantastique; 2. satyre mi-homme, mi-oiseau (refaite en 1839); 3, 4 et 5. animaux fantastiques; 6. figure de moine grotesque; 7. animal mi-chien, mi-homme; 8. femme en costume du 15e siècle.

L'archange saint Michel, qui couronne le pignon, a été sculpté en 1841 par Charles Marochetti. Sous le porche, les clés de voûte (15e siècle) représentent en léger relief des scènes réalistes et pleines de vie; à gauche, l'*Adoration des bergers;* à droite, la *Cène,* au centre, les *Symboles évangéliques.* Les culs-de-lampe sont constitués de curieuses figures humaines et animales.

Portail central du 13e siècle, reste d'une église primitive. Les statues datent du 19e siècle. Elles reposent sur des consoles ornées de personnages grotesques.

Aux voussures se succèdent des scènes sculptées au 13e siècle: *Abraham accueillant les élus, la chaudière de l'enfer et des anges* (première voussure); les *Vierges sages,* les *vierges folles* (seconde voussure); les *douze apôtres* (troisième voussure). Le tympan, qui représentait le Jugement dernier, a été détruit au 18e siècle.

● La tour, à gauche de l'église (milieu du 19e siècle), est flanquée de deux arcades que surmontent des anges, par Cavelier.

Sur les faces latérales de la nef, des animaux étranges, des monstres, des personnages inquiétants, constituent selon l'expression de J.-K. Huysmans, une étonnante «kermesse de pierre». On ignore aujourd'hui si ces figures pleines de fantaisie possèdent une signification symbolique ou si elles relèvent simplement de l'imagination des sculpteurs de l'époque.

● Face nord (côté cour de la mairie). De droite à gauche, 1. Grande gargouille: homme revêtu d'une peau d'ours, se tirant la barbe des deux mains;

2. Grande gargouille: femme du peuple avec une mâchoire de poisson. Sur la console: la boule du monde est rongée par des rats que guette un chat. Petite gargouille, à hauteur de la balustrade: un aigle prend son envol, remarquablement sculpté.

3. Grande gargouille: loup à gueule béante porté par un bélier. Sur la console: une truie allaite ses petits en mangeant des glands. Sur la petite gargouille: une énorme grenouille. A la suite sur la façade du transept, deux petites gargouilles seulement. A droite, animal fabuleux semblant vomir de l'eau, à gauche, coq dont les ailes prolongées se nouent sous ses pattes.

● Face sud (côté rue des Prêtres-Saint-Germain-l'Auxerrois). De gauche à droite, 1. Grande gargouille: un homme sortant d'un panier tient un singe et un bâton tandis qu'un quadrupède lui saisit une jambe. Sur la console, deux hommes se battent et se tirent les cheveux. Petite gargouille, au-dessous: figure d'homme à l'air stupide, bouche grande ouverte.

2.Grande gargouille: un homme barbu et chevelu sort de l'énorme gueule d'un monstre. Sur la console, un homme ficelé subit un supplice. Petite gargouille: tête d'animal fantastique à longues oreilles et long cou.

3. Grande gargouille: un homme porte un lion sur ses épaules. Sur la console: homme chevelu accroupi, un chien entre ses jambes. Petite gargouille: animal fantastique à tête bosselée.

4. Grande gargouille: un homme à longue robe porte un fou sur ses épaules. Sur la console: homme accroupi montrant un quadrupède. Petite gargouille: un vieillard se tire la barbe (refaite en 1849).

● Chevet (rue de l'Arbre-Sec). La corniche de la chapelle centrale est ornée de curieux tronçons de carpes. Il s'agit, croit-on, d'une allusion au marchand drapier Jehan Tronson, fondateur de cette chapelle en 1505.

PALAIS DU LOUVRE (R)

Résidence des rois de France avant Versailles, cet immense palais, l'un des plus vastes du monde, offre un saisissant panorama de la sculpture ornementale française, du 16e au 19e siècle. Les bâtiments actuels, qui remplacent ceux du Moyen Age, ont été commencés sous le règne de François Ier, en 1546, et achevés seulement en 1868. Ils abritent aujourd'hui le prestigieux Musée du Louvre.

Cour Carrée

● La partie la plus ancienne du Louvre (1, voir le plan ci-contre) est située à gauche du pavillon de l'Horloge. Elevée de 1546 à 1556 par Pierre Lescot, elle compte parmi les œuvres majeures de l'architecture et de la sculpture française de la Renaissance.

Louvre: les cariatides du Pavillon de l'Horloge par Sarazin.

Les œils-de-bœuf du rez-de-chaussée sont encadrés de souples et élégantes figures allégoriques sculptées en léger relief par Jean Goujon. De gauche à droite: la *Victoire et la Renommée,* la *Guerre et la Paix,* l'*Histoire et la Gloire.*

Au-dessus des fenêtres du premier étage: frise d'enfants et de guirlandes, sculptée en 1562 par les frères Pierre et François Lheureux, Martin Lefort et Pierre Nanym. A remarquer l'aisance et l'humour de cette composition que l'on ne retrouve pas au même degré sur les autres façades de la cour, exécutées au 17e et au 19e siècle.

L'attique est orné, par Jean Goujon et ses assistants, de magnifiques trophées d'armes et de trois frontons. A gauche, la *Paix* avec, de part et d'autre de la fenêtre, *Cérès* et *Neptune* et, au-dessus, l'*Abondance.* Au centre, la *Guerre* avec *Mars* (à gauche de la fenêtre sous les traits de Henri II), *Bellone et des captifs agenouillés* et, au-dessus, deux victoires. A droite, la *Science* avec *Archimède et Euclide* et, au-dessus une figure allégorique.

● Le pavillon de l'Horloge (2), au centre de la façade occidentale, a été élevé par Lemercier à partir de 1624. Le dernier étage est orné de huit remarquables cariatides sculptées par Gilles Guérin, Philippe de Buyster et Thibaut Poissant, d'après les dessins de Jacques Sarazin.

● A droite du pavillon de l'Horloge, corps de bâtiments (3), faisant pendant à celui de gauche, mais bâti seulement vers 1630 par Lemercier. La décoration n'a été exécutée qu'au début du 19e siècle. Elle s'inspire de celle du 16e siècle avec moins de noblesse et de spontanéité.

Attique sculpté en 1806. A gauche, au fronton, l'*Histoire* entre les historiens grecs *Thucidide et Hérodote* et, de chaque côté de la fenêtre, une *Divinité égyptienne et un Inca,* par Jean-Guillaume Moitte. Au centre, la *Renommée et la Paix entre Hercule, Minerve, le Tibre et le Nil,* par Philippe Roland. A droite, la

1

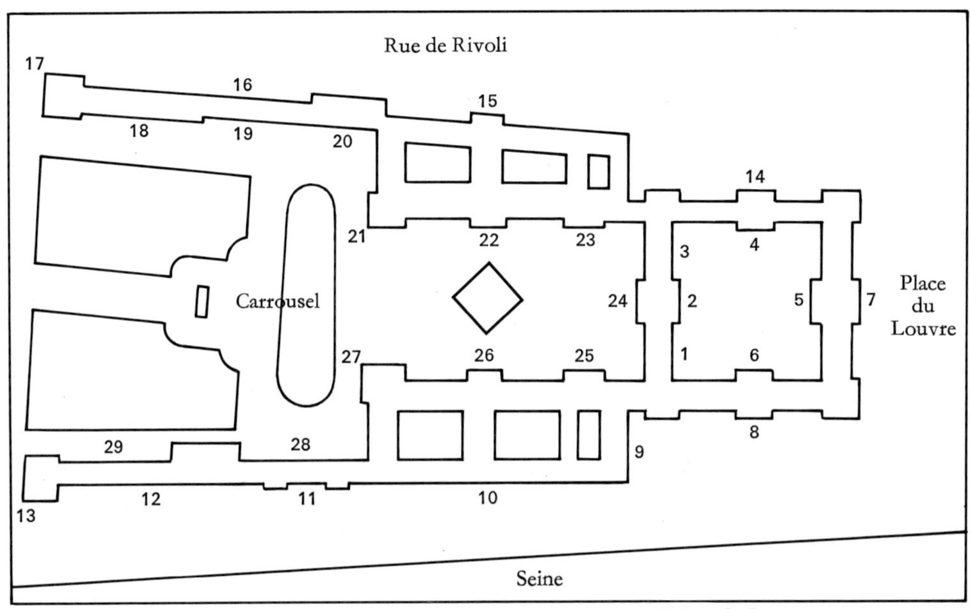

Palais du Louvre

Poésie avec Homère, Virgile et deux amours, œuvre typiquement Empire, plus austère que les précédentes, par Antoine Chaudet.

● Les trois autres façades (4, 5, 6) ont été construites au 17e siècle principalement par Le Vau, et le dernier étage n'a été achevé qu'au début du 19e siècle par Percier et Fontaine. La plus grande partie de la décoration sculptée date du 19e siècle.

Grand fronton de la façade nord (4): le *Génie de la France, sous les traits de Napoléon Ier, évoque Minerve, Mercure, la Paix et la Législation pour qu'elles succèdent à Mars et à l'appareil guerrier que la Victoire a rendu inutile,* œuvre froide et solennelle comme son programme, sculptée par Claude Ramey en 1811.

Grand fronton de la façade est (5): *Un coq, entouré d'un serpent qui se mord la queue, est soutenu par des génies,* par Guillaume II Coustou (1758). A l'origine, cette composition dynamique, qui contraste avec la froideur des deux autres, comportait au centre les armes royales de France, remplacées au moment de la Révolution par le coq et le serpent, symboles de la Première République.

Grand fronton de la façade sud (6): *Minerve avec la science et les arts,* par Jacques Lesueur (1811).

Toutes les statues des niches ont été exécutées dans le goût antique au milieu du 19e siècle.

Façade orientale (côté Saint-Germain-l'Auxerrois)

● La célèbre colonnade (7) bâtie par Claude Perrault en 1676 devait être couronnée de statues et de trophées qui n'ont jamais vu le jour. Les chapiteaux corinthiens ont été en partie sculptés par Caffieri sur les dessins de Le Brun.

Le fronton central: *Minerve, entourée des muses et de la Victoire, couronne le buste de Louis XIV,* a été sculpté seulement en 1808 par François Lemot. Le buste de Louis XIV remplace celui de Napoléon Ier depuis la Restauration, mais le bouclier de Minerve conserve les emblèmes impériaux.

Au-dessus du portail d'entrée, la *Victoire sur un quadrige distribue des couronnes,* bas-relief d'une grande rigueur, inspiré d'un camée antique, par Pierre Cartellier (1810).

Façades méridionales (côté Seine)

● La façade, bâtie par Claude Perrault en 1668 (8), s'élève en retrait devant le pont des Arts. Décor sculpté en 1809, en grande partie par Augustin Fortin.

● La galerie d'Apollon (9), en retour d'équerre, commencée par Pierre Lescot en 1566, a été restaurée en 1849. Ornementation due à Barthélémy Prieur (fin 16e s.). Fronton central sculpté d'une *Renommée,* par Pierre Cavelier (1849).

● Grande galerie (10), élevée jusqu'aux guichets du Carrousel entre 1594 et 1608, restaurée en 1854. Abondant décor sculpté presque totalement reconstitué au 19e siècle. A remarquer notamment la longue frise du premier étage, pleine de verve et d'imagination – trophées, chimères, animaux, génies marins – attribuée en partie aux frères Lheureux (16e s.), mais restaurée et complétée dans une proportion impossible à définir. Les douze frontons allégoriques 1
ont été exécutés au 19e siècle par divers sculpteurs.

● Guichets du Carrousel (11) reconstruits par Lefuel en 1868. A la base des arcades, deux groupes monumentaux en pierre: la *Marine de guerre* et la *Marine marchande,* par François Jouffroy. Au fronton, le *Génie des arts,* haut-relief en cuivre martelé par Antonin Mercié; cette figure particulièrement agitée a remplacé en 1877 un *Napoléon équestre,* de Barye, auquel sont dues les deux figures de fleuves qui subsistent de part et d'autre du fronton.

● Seconde partie de la grande galerie (12), des guichets du Carrousel au pavillon de Flore, bâtie aussi sous le règne de Henri IV, entièrement réédifiée en 1863 par Lefuel. Parmi les auteurs des frontons, sculptés avec plus de force et de relief que ceux de la première partie, figurent notamment Cabet, Carrier-Belleuse (l'*Abondance*: dernier fronton avant le pavillon de Flore), Crauk et Perrey.

Au centre de cette façade: porte flanquée de deux lions en bronze, par Barye.

● Pavillon de Flore (13) reconstruit par Lefuel. La façade qui domine le Pont Royal est surmontée d'une majestueuse composition très admirée lors de sa présentation au salon de 1866: la *France portant la lumière dans le monde et protégeant l'agriculture et la science,* par Jean-Baptiste Carpeaux. Au-dessous, frise d'enfants et charmant groupe tout de sourire et de grâce: le *Triomphe de Flore,* également par Carpeaux.

Les deux autres façades du pavillon de Flore, reconstruites après l'incendie des Tuileries en 1871, sont surmontées de frontons allégoriques sculptés par Pierre Cavelier (côté Tuileries) et par Jules Franceschi (côté Carrousel).

Façades septentrionales (rue de Rivoli)

● La partie la plus ancienne (14) des 17e et 18e siècles, est surmontée d'un fronton orné d'un monumental

1

Louvre: les sculptures de Carpeaux au pavillon de Flore.

Trophée d'armes à l'antique, sculpté en 1815 par Montpellier.

● L'aile qui fait suite (15) a été élevée en 1857 par Visconti et Lefuel. Au centre, pavillon dit de la Bibliothèque (entrée du Ministère des finances), très abondamment décoré et restauré après l'incendie de 1871. Au sommet: groupe de cariatides, par A.-S. Bosio.

● Pavillon de Rohan et suite de l'aile nord jusqu'au pavillon de Marsan (16), bâtis par Percier et Fontaine entre 1806 et 1816. Dans les niches, statues des maréchaux de l'Empire, par différents sculpteurs.

● Pavillon de Marsan (17), reconstruit par Lefuel en 1874 après l'incendie des Tuileries. Lourds frontons chargés d'allégories par Gustave Crauk (côté Rivoli), Jean-Marie Bonassieux (côté Tuileries) et Théodore Gruyère (côté Carrousel).

Façades sur les jardins du Carrousel

● L'aile nord (18) a été reconstruite en 1875 par Lefuel de manière identique à l'aile sud (29) élevée une dizaine d'années plus tôt par le même architecte. Décor très abondant, mais d'une grande rigueur d'exécution. La façade sud (29) est percée de deux portes flanquées de lions en bronze, par Auguste Cain (1867).

● A la suite de l'aile nord: façade en retrait (19) élevée à partir de 1806 par Percier et Fontaine dans le style sévère de l'époque. Frontons ornés d'énormes trophées.

Le Nouveau Louvre

Inaugurés par l'Empereur le 14 août 1857, ces bâtiments bâtis par Visconti et Lefuel, sont dominés par de hauts pavillons à dôme. Bien qu'elle s'inspire des façades Renaissance de la Cour carrée, l'ornementation, touffue et surchargée, reste typiquement Napoléon III. Barye, qui y a pourtant participé, la qualifiait de «haute confiserie».

● Pavillon de Rohan (20). Au fronton: la *France assise au-dessous des armes impériales qu'entourent la science et le travail,* par Georges Diebolt, l'auteur du zouave du pont de l'Alma.

● Pavillon Turgot (21). Fronton et cariatides sculptés par Pierre Cavelier (à l'ouest) et Eugène Guillaume (au sud).

● Pavillon Richelieu (22). Au fronton: la *France protégeant la science et les arts,* par Francisque Duret. Quatre cariatides, par A.-S. Bosio, Polet et Cavelier et, au-dessous, deux groupes colossaux, par Barye: la *Paix* (à gauche) et la *Guerre.*

● Pavillon Colbert (23). Au fronton: le *Petit prince impérial protégé par l'agriculture et le commerce,* par Victor Vilain, auteur également des cariatides.

● Pavillon Sully (24). Au fronton: le buste de *Napoléon Ier,* par Barye, dominant l'*Histoire et les arts,*

par Pierre Simart. Cariatides par Simart et Duret.
● Pavillon Daru (25). Fronton et cariatides, par Victor Vilain.
● Pavillon Denon (26; entrée du musée du Louvre). Au fronton: *Napoléon III entouré de la paix et des arts,* par Pierre Simart. Il s'agit de l'unique effigie de l'empereur à Paris. Cariatides par Briant, Jacquot, Ottin et Robert. Au-dessous, deux groupes colossaux, par Barye: la *Force* (à gauche) et l'*Ordre*.
● Pavillon Mollien (27). Fronton et cariatides, par François Jouffroy (au nord) et par Eugène Lequesne (à l'ouest).
● Sur les balustrades du premier étage, quatre-vingt-six statues, pour la plupart très dégradées, représentent des personnages illustres.
● Au sommet des façades, d'innombrables groupes allégoriques et des figures d'enfants symbolisent tout ce qui peut être symbolisé, depuis le génie de la Musique jusqu'à la Mécanique en passant par l'Hiver, l'Art égyptien et le Printemps.

A noter également, sur la balustrade des guichets du Carrousel (28), deux lions, par Emmanuel Frémiet.

PONT DU CARROUSEL (S)

Aux quatre angles de ce pont bâti en 1939 ont été placés les groupes qui ornaient le pont précédent. Ces groupes allégoriques en pierre, sculptés par Louis Petitot en 1846, représentent, côté Louvre: l'*Industrie* et l'*Abondance* et, sur la rive opposée, la *Ville de Paris* et *la Seine*.

COUR NAPOLÉON (T)

A proximité de la pyramide de I. M. Pei, *statue équestre de Louis XIV,* en plomb, moulage réalisé sur le marbre du Bernin, modifié par Girardon, puis placé au fond de la pièce d'eau des Suisses à Versailles.

1

ARC DE TRIOMPHE DU CARROUSEL (U)

Isolé depuis la destruction des Tuileries auxquels il servait d'entrée, ce monument dédié aux victoires napoléoniennes a été élevé de 1806 à 1808 par l'architecte Denon d'après les dessins de Percier et Fontaine, et sur le modèle de l'arc de Constantin à Rome.
● Au sommet, à plus de 14 mètres du sol: la *Paix conduite sur un char de triomphe,* par François-Joseph Bosio, majestueux quadrige en bronze (H 3 m50), inauguré en 1828 par Charles X. Il remplace le char de Napoléon Ier que tiraient les quatre célèbres chevaux en bronze doré de la basilique Saint-Marc de Venise, transportés à Paris par ordre de l'Empereur en 1797, restitués par les Autrichiens en 1815.
● Sur l'entablement, au sommet des colonnes en marbre rouge du Languedoc à base et chapiteaux corinthiens en bronze: huit statues de soldats de l'Empire. Côté Louvre, de gauche à droite: *Cuirassier,* par Taunay, *Dragon* par Corbet, *Chasseur à cheval,* par Foucou, *Grenadier à cheval,* par Chinard. Entre ces statues figurent deux bas-reliefs en marbre représentant des armoiries entourées de figures allégoriques: à gauche, les *Armes de l'Empire français,* par Fortin; à droite, les *Armes du Royaume d'Italie,* par Antoine Gérard.

Côté Tuileries, de gauche à droite: *Grenadier,* par Dardel, *Carabinier,* par Mouton, *Canonnier,* par Bridan, *Sapeur,* par Dumont. A gauche, les *Armes de l'Empire français,* par Dumont, et les *Armes du Royaume d'Italie,* par Callamard.

Les quatre faces de l'Arc de Triomphe sont ornées de six bas-reliefs en marbre de 2 m × 3 m 75 qui

1 relatent les victoires impériales de 1805. Déposés au début de la Restauration sur ordre des alliés, ils ont été remis en place sous le règne de Louis-Philippe.

● A l'est, côté Louvre: la *Capitulation d'Ulm* (à gauche), par Pierre Cartellier, et la *Bataille d'Austerlitz,* par Jean Espercieux.

● Au nord, côté rue de Rivoli: l'*Entrée à Vienne,* par Louis Deseine.

● A l'ouest, côté Tuileries: l'*Entrée à Munich* (à gauche), par le célèbre sculpteur Clodion qui, à la fin de sa vie, tenta de s'adapter, sans grande réussite, aux thèmes chers au nouveau régime, et l'*Entrevue de Tilsit,* par Claude Ramey père.

● Au sud, côté Seine: la *Paix de Presbourg,* par Jacques Lesueur.

● A l'intérieur: voûtes à caissons abondamment décorés. Au centre un grand bas-relief de 3 m 20 de côté figurait à l'origine *Napoléon Ier couronné par la Victoire,* par Jacques Lesueur: en 1815, l'effigie de l'Empereur a été remplacée par un trophée d'armes et de drapeaux.

L'aménagement futur des jardins du Carrousel et des Tuileries fait l'objet d'un certain nombre de projets en liaison avec l'achèvement du Grand Louvre. Dans un avenir plus ou moins rapproché, des changements sont susceptibles d'intervenir dans le tracé des parterres et la répartition des statues. En principe, les bronzes de Maillol, transportés provisoirement aux Tuileries, doivent retrouver leurs places dans le jardin du Carrousel. Ils sont ici décrits tels qu'ils apparaissaient avant les travaux. Quant à la description des Tuileries, elle concerne l'état actuel (1988), avec les quelques sculptures contemporaines récemment implantées.

JARDIN DU CARROUSEL (V)

● De part et d'autre de l'Arc de Triomphe du Car rousel s'élèvent, sur les hauts piédestaux qui faisaient jadis partie de la clôture des Tuileries, deux statues en pierre: à gauche, en tournant le dos au Louvre, l'*Histoire,* à droite, la *France victorieuse,* toutes deux sculptées en 1814 par Antoine Gérard.

● Sur les parterres, des bronzes d'Aristide Maillol ont remplacé, en 1964, des statues sans grand intérêt de la fin du 19e siècle. Bien que de proportions trop faibles par rapport aux façades du Louvre et à la superficie des jardins, ces œuvres, ainsi réunies, constituent le prototype des musées de sculptures en plein air que l'on souhaiterait voir se multiplier. Par la plénitude et l'harmonie de leurs formes, ces bronzes témoignent de l'art d'un des plus grands sculpteurs français de la première moitié du 20e siècle et de l'influence qu'exerça sur lui la statuaire de la Grèce antique.

Jardin du Carrousel: l'Action enchaînée, par Maillol.

A. MAILLOL

Parmi les bronzes d'Aristide Maillol placés en 1964 sur les pelouses du Carrousel, la Montagne illustre parfaitement le goût du sculpteur pour les formes féminines à la fois robustes et harmonieuses.

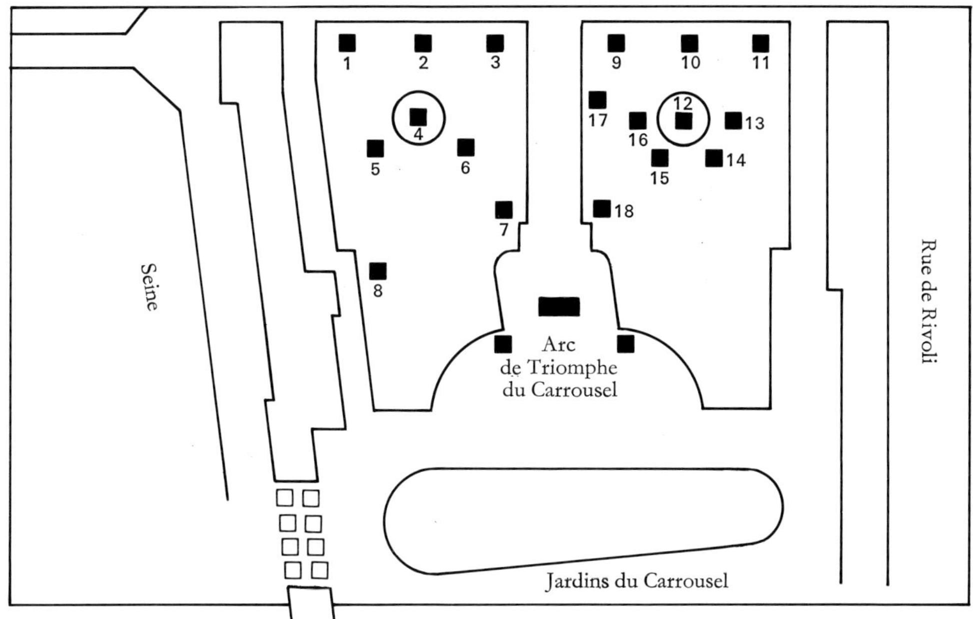

1

Parterre sud, côté Seine (voir le plan ci-dessus): *Flore* (1); l'*Air* (2); l'*Eté* (3); la *Montagne* (4); *Port-Vendres* (5), d'après le monument inauguré dans cette ville en 1923; *Hommage à Paul Cézanne* (6), d'après la statue en pierre commandée en 1912 pour Aix-en-Provence, refusée par cette ville, achetée par la Ville de Paris en 1925 et placée quelque temps aux Tuileries; *Baigneuse aux bras levés* (7); *Trois nymphes* (8).

Parterre nord, côté rue de Rivoli: la *Nuit* (9); la *Rivière* (10); la *Méditerranée* (11); l'*Action enchaînée* (12), d'après le monument à Auguste Blanqui érigé à Puget-Théniers en 1905; *Baigneuse drapée* (13); *Vénus* (14); *Pomone* (15); l'*Ile-de-France* (16), *Nymphe* (17); la *Douleur* (18).

JARDIN DES TUILERIES (W)

Tracés au 16e siècle sur l'emplacement d'anciens ateliers de poteries, ces jardins de 920 mètres de long ont été redessinés par Le Nôtre en 1660. Entre 1713

1

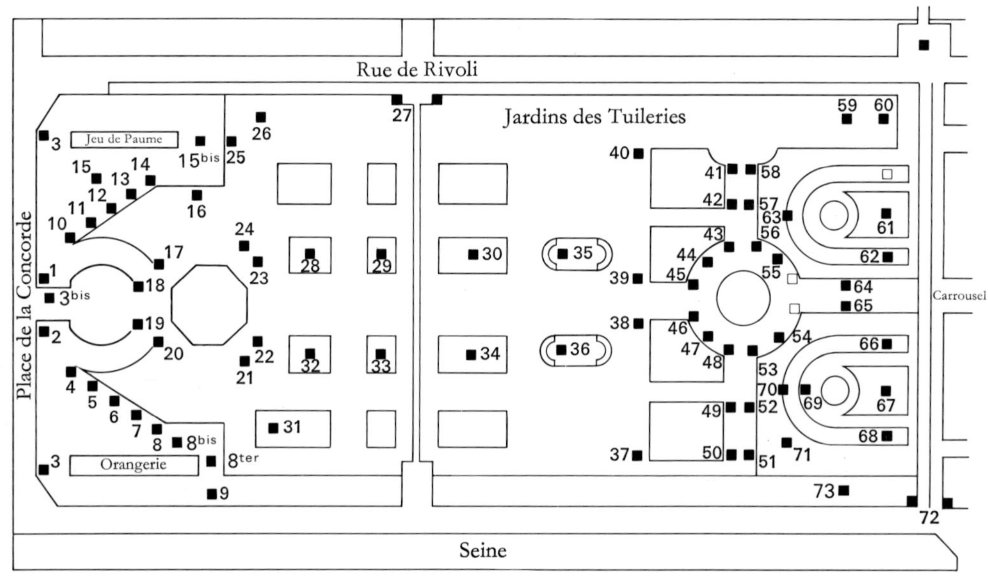

et 1725, plusieurs statues et de nombreux vases du parc de Marly y sont transportés, notamment les deux célèbres groupes de Coysevox. Restaurés et modifiés au début du 19e siècle, les Tuileries reçoivent à cette époque et surtout sous les règnes de Louis-Philippe et de Napoléon III, une grande quantité de statues de valeur très inégale. Sauf indication contraire, toutes ces œuvres sont en marbre.

● L'entrée sur la place de la Concorde est dominée par deux groupes sculptés en 1702 par Antoine Coysevox: *Mercure* (1; voir le plan) et la *Renommée* (2) chevauchant Pégase. Ces œuvres remarquables, hautes de 3 m 20, taillées dans un seul bloc de marbre, ornaient primitivement l'abreuvoir des jardins de Marly. Elevées à la gloire du roi, elles évoquent la grande statuaire des jardins à la fin du règne de Louis XIV. Assez curieusement, les fameux chevaux de Coustou qui les remplacèrent à Marly en 1745, se dressent aujourd'hui de l'autre côté de la place de la Concorde. En 1984-1985 les quatre originaux ont été mis à l'abri au Musée du Louvre

La statuaire des jardins du Grand Siècle est notamment représentée aux Tuileries par les quatre termes des Saisons qui entourent le bassin octogonal. Particulièrement gracieuse, la figure de l'Eté est attribuée à Lacroix ou à l'un des Le Gros.

et remplacés par des moulages absolument identiques en marbre reconstitué.

● Aux deux extrémités des terrasses, sur la balustrade: lions (3) d'après l'antique, par le sculpteur florentin Tacca.

● A gauche, en entrant par la grille d'honneur, buste en bronze de *Le Nôtre* (3bis), d'après Coysevox.

● Sur la terrasse de l'Orangerie, cinq antiques restaurés ou copies d'antiques: *Bacchus* (4), *Uranie* (5), *Clio* (6), *Cérès* (7), *Erato* (8).

Dans le petit jardin contigu à l'Orangerie, *Grand Commandement blanc* (8bis), dix-sept éléments en fer peint par Alain Kirili (1985).

Derrière l'Orangerie, *Lion au serpent* (9), moulage en ciment du bronze de Barye conservé au Musée du Louvre et *Acteon fecit* (8ter), grand bronze surréaliste par Jean-Michel Alberola (1985).

● Sur la terrasse du Jeu de Paume, cinq antiques ou copies d'antiques: *Calliope* (10), *Silène et Bacchus* (11), *Clio* (12), *Flore* (13), *Junon du Capitole* (14). En retrait, monument du célèbre écrivain *Charles Perrault* (15), par Gabriel Pech (1908). Le socle est entouré d'une ronde d'enfants parmi lesquels apparaît le fameux Chat botté. Derrière le Jeu de Paume, l'*Europe et la mer* (15bis), bronze monumental par Sandro Chia (1985).

Au centre de l'escalier qui descend vers le bassin: *La Foule* (16), groupe en bronze par Raymond Mason (1963-1967).

● Autour du bassin, remarquable ensemble de sculptures du 17e siècle. Au bas des rampes en fer à cheval, deux groupes exécutés pour Marly: le *Tibre* (17), sculpté à Rome en 1688 par le Lyonnais Pierre Bourdict d'après l'antique aujourd'hui conservé au Musée du Louvre; le *Nil* (20), sculpté par l'Italien Lorenzo Ottone en 1692 d'après l'antique du Musée du Vatican. (A remarquer les curieuses et pittoresques scènes sculptées en bas-relief, à la base de ces groupes.)

Jardin des Tuileries: Mercure, par Coysevox.

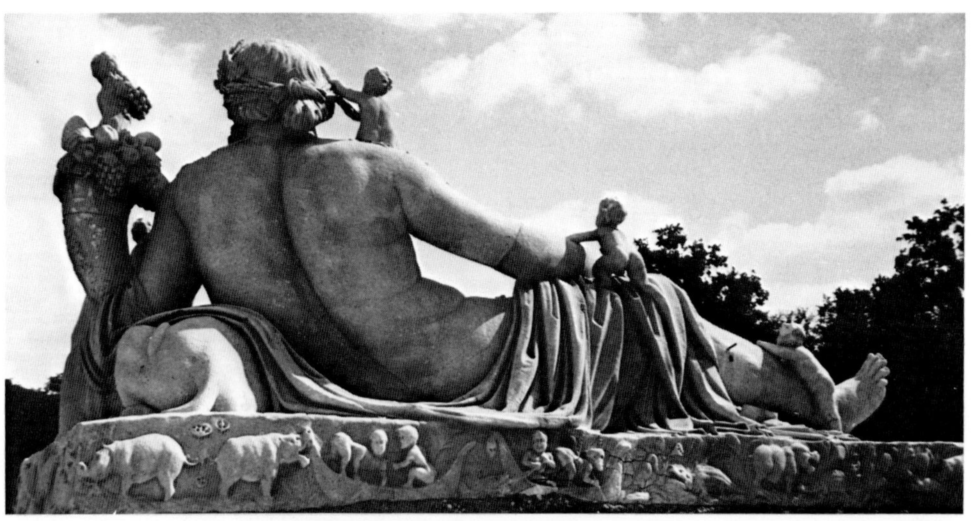

Jardin des Tuileries: le Nil, d'après l'antique.

▼ Jardin des Tuileries: le Tibre (détail de la base).

Entre les deux fleuves s'élèvent deux autres groupes allégoriques sculptés également pour Marly, la *Seine et la Marne* (18), par Nicolas Coustou, en 1712; la *Loire et le Loiret* (19), par Corneille van Cleve, en 1707.

De l'autre côté du bassin se dressent quatre termes d'une grande élégance, sculptés à la fin du 17e siècle. Ils symbolisent les saisons: le *Printemps* (21), l'*Automne* (22), tous deux par François Barrois, l'*Hiver* (23), par Jean Raon, l'*Eté* (24), attribué à Lacroix ou à l'un des Le Gros.

● Esplanade contiguë à la rue de Rivoli. Contre la terrasse du Jeu de Paume: vestige (25) de la façade du Palais des Tuileries (16e s.) incendié en 1871, et vasque supportée par un faune, par Antoine Injalbert (fin 19e s.).

Sur l'esplanade, *Hercule combattant Achéloüs transformé en serpent* (26), œuvre violente, d'une belle envolée, en bronze, par le baron François-Joseph Bosio (1824).

De part et d'autre de la grille faisant face à la rue des Pyramides, deux importants groupes en bronze (27), *Lion et lionne se disputant un sanglier, Rhinocéros attaqué par des tigres,* par le grand sculpteur animalier Auguste Cain (1884).

● De part et d'autre de l'allée centrale, statues de l'extrême fin du 19e ou des premières années du 20e siècle: l'*Automne* (28) par Gustave Michel, l'*Hiver* (29), par Jules Desbois, le *Bon Samaritain* (30) par François Sicard, *Sanglier,* d'après l'antique (31, au pied de la terrasse du bord de l'eau), le *Soir* (32), par Hector Lemaire, l'*Eté* ou *Messidor* (33), par Henry Lombard, *Devant la vie* (34), par Jean Boucher. Au-delà, deux exèdres ou bancs de marbre en hémicycle élevés en 1793, sur les dessins, dit-on, de Robespierre, à l'intention des vieillards qui devaient présider aux fêtes de la jeunesse, et deux statues de *Pomone* (35) et de *Triptolème* (36), par Jacques Gatteaux (vers 1840).

Jardin des Tuileries: Hercule combattant Acheloüs, par F.-J. Bosio.

En l'attente d'un site à trouver dans Paris, la statue en bronze de *Léon Blum,* par Philippe Garel (1985) a été placée provisoirement dans la partie sud des Tuileries.

● Les parterres qui entourent le bassin circulaire sont ornés de nombreuses statues:

1 *Hercule Farnèse* (37) d'après l'antique du Musée de Naples, signé Comino (17e s.); *Jules César* (38), sculpté pour Marly en 1693 par Ambrogio Parisio; *Agrippine* (39), par Robert Doisy, probablement sculpté à Rome en 1692; *Diane à la biche* (40), d'après l'antique, peut-être du 17e siècle.

Médée (41), par Paul Gasq (1895); *Vénus du Liban* (42), belle copie d'antique sculptée au 17e siècle, peut-être par Pierre II Le Gros; *Prométhée enchaîné* (43), par James Pradier (1827); le *Laboureur des Géorgiques* (44), par Philippe Lemaire (1826); le *Serment de Spartacus* (45), par Louis Barrias (1871); *Flore Farnèse* (46), d'après l'antique par Antoine André (1676); *Cincinnatus* (47), par Denis Foyatier (1839); *Alexandre combattant* (48), par Charles Lebœuf-Nanteuil (1836). La *Comédie* (49), par Julien Roux (1874); la *Désespérance* (50), par François Captier (1897).

Le *Rémouleur* (51), d'après l'antique du Musée des Offices à Florence, par G.-B. Foggini (1684); *Phidias* (52), par James Pradier (1835); *Centaure enlevant une nymphe* (53), par Laurent Marqueste (1892); *Périclès distribuant des couronnes* (54), par Joseph De Bay (1835); *Cassandre se mettant sous la protection de Pallas* (55), par Aimé Millet (1877); *Thésée et le Minotaure* (56), par Etienne Ramey fils (1826); *Caïn*, par Henri Vidal (57, remplace la *Comédie humaine* d'Ernest Christophe, entrée au Musée d'Orsay); l'*Homme et sa misère* (58), par Jean Hugues (1907).

● A l'extrémité de l'esplanade longeant la rue de Rivoli: monument à *Jules Ferry* (59), par Gustave Michel (1910), et *Retour de chasse* (60), bronze par Antonin Carlès (1888).

● Au-delà des grilles s'étend l'ancien jardin réservé tracé pour Napoléon III devant le Palais des Tuileries, aujourd'hui disparu.

Parterre nord: *Enée portant son père Anchise* (61), sculpté pour Marly en 1716 par Pierre Lepautre d'après un dessin de Girardon; A la place de la Bacchante de Carrier-Belleuse, transportée au musée d'Orsay, deux bronze de Rodin, études pour les *Bourgeois de Calais: Pierre de Wissant* et *Jean de Fienne* (62); *Tigre et crocodile* (63), bronze d'Auguste Cain (1869) destiné à Fontainebleau.

De part et d'autre de l'allée centrale: *Nymphe* (64) et *Diane chasseresse* (65), par Edmond Lévêque (1866).

Parterre sud: A la place du Corybanthe de Louis Cugnot (66), aujourd'hui au musée d'Orsay, deux bronzes de Rodin, l'*Ombre* et la *Méditation; Aria et Poetus* (67), groupe sculpté à Rome pour Marly en 1696, par Pierre Lepautre, d'après un modèle de J.-B. Théodon; *Au gui l'an neuf* (68), par Jean-Baptiste Baujault (entrée au Musée d'Orsay); encombrant *Monument à Waldeck-Rousseau* (69), par Laurent Marqueste (1900); *Tigre portant un paon à ses petits* (70), bronze par Auguste Cain (1873); *Mort de Laïs* (71), par Mathieu-Meusnier (1850).

● L'extrémité de l'avenue du Général-Lemonnier vers la Seine est dominée par deux sphinges (72) pris à Sébastopol en 1856. Il s'agit peut-être d'œuvres de l'Italien Fernandino Pelliccia, auteur de nombreuses statues sculptées pour cette ville dans la première moitié du 19e siècle. A proximité, sur la terrasse, les *Fils de Caïn* (73), groupe réaliste et dramatique de Paul Landowski (1906), qui se trouvait dans un square de la cour Napoléon du Louvre.

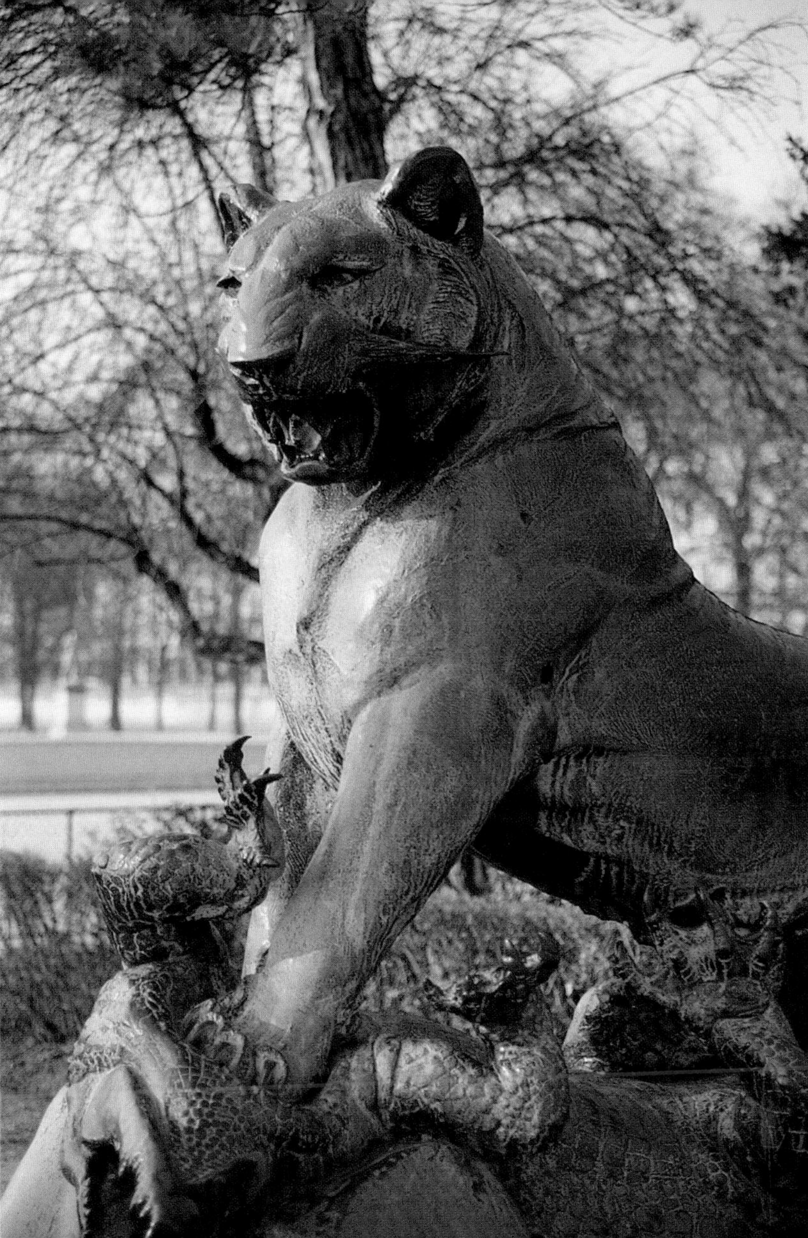

Auguste Cain compte, après Barye, parmi les plus grands sculpteurs animaliers du 19e siècle. Il est représenté aux Tuileries par quatre groupes en bronze dont Tigre et crocodile (détail) qui, tous, témoignent de sa prédilection pour les grands fauves.

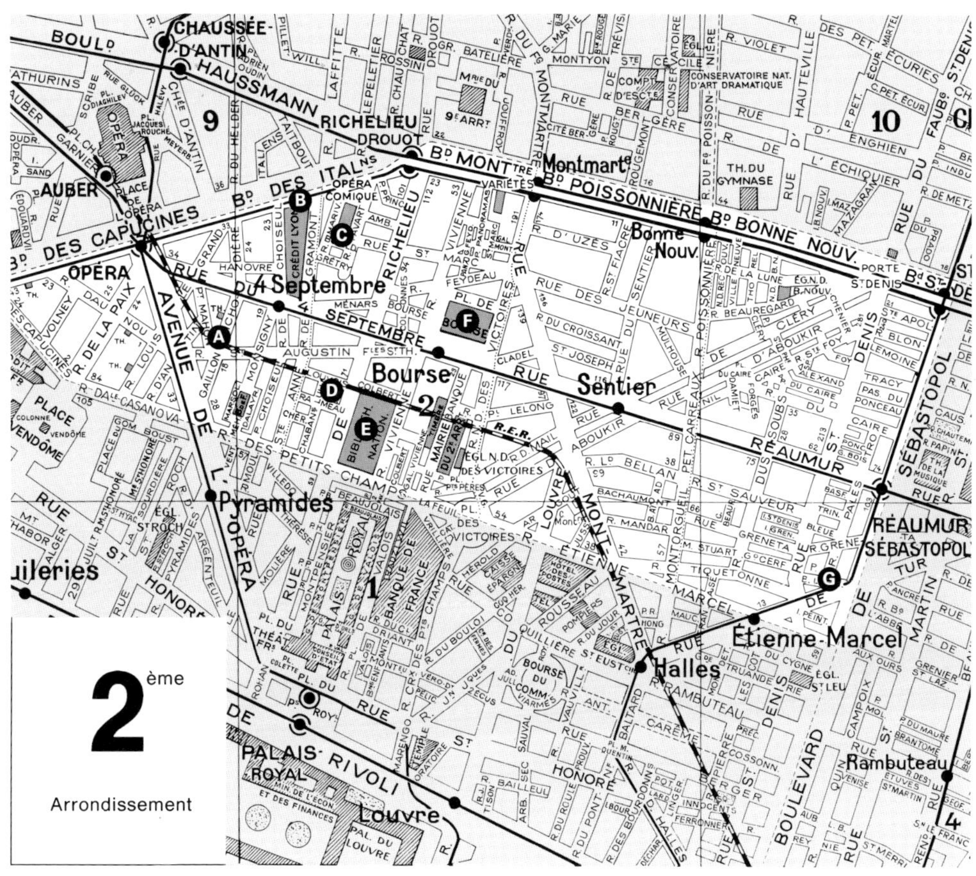

2ème

Arrondissement

Crédit Lyonnais: fronton par Camille Lefèvre.

FONTAINE GAILLON
PLACE GAILLON (A)

Ce petit édifice qui ne manque pas d'élégance, a été construit en 1828 par l'architecte Visconti à l'emplacement de la fontaine d'Antin qui datait du 18e siècle. La vasque est surmontée d'un *Jeune triton chevauchant un dauphin,* en bronze, dû au sculpteur Georges Jacquot.

CRÉDIT LYONNAIS
19, BOULEVARD DES ITALIENS (B)

Le pavillon central de la façade (1882) est orné de quatre groupes de cariatides – *Les heures du jour* –, par Henri Lombard, Edouard Pépin, Antonin Carlès et Désiré Ferrary. Fronton sculpté par Camille Lefèvre.

OPÉRA-COMIQUE
PLACE BOIELDIEU (C)

Reconstruit après l'incendie de 1887, ce théâtre est orné, sur la place Boieldieu, de cariatides sculptées par André Allar, Gustave Michel et Emile Peynot et, dans deux niches au premier étage, des statues de la *Musique,* par Denys Puech, et de la *Poésie,* par Ernest Guilbert.

FONTAINE LOUVOIS
SQUARE LOUVOIS (D)

Construite en 1844 par l'architecte Visconti, cette fontaine s'élève à l'emplacement de l'ancien Opéra, démoli en 1820 après que le duc de Berry y eut été assassiné.

Les statues, en fonte, ont été exécutées par le sculpteur Jean-Baptiste Klagmann. Quatre opulentes jeunes femmes y symbolisent la *Seine,* la *Loire,* la *Saône* et la *Garonne.* Sur le socle figurent des tritons soufflant dans des conques marines. La fontaine Louvois peut être considérée, avec les fontaines de la place de la Concorde, comme l'une des productions les plus caractéristiques de la sculpture ornementale du milieu du 19e siècle.

BIBLIOTHÈQUE NATIONALE
58, RUE DE RICHELIEU (E)

● Sous la voûte d'entrée se dressent quatre élégantes statues allégoriques en marbre, de l'extrême fin du 19e siècle. A gauche, en entrant, l'*Imprimerie,* par Jules Labatut, et la *Numismatique,* par Just Becquet. A droite, la *Gravure,* par Jean Hugues, et la *Calligraphie,* par Jules Coutan.

● A l'angle de la rue Colbert et de la rue Vivienne: l'*Etude,* haut-relief sculpté par Louis Barrias (1903).

RUE VIVIENNE (E)

● Dans le jardin de la Bibliothèque Nationale, statue en bronze de *Jean-Paul Sartre marchant* par Roseline Granet.

● En face, au centre de la rotonde de la galerie Colbert, *Eurydice mourante,* statue en bronze de Lebœuf-Nanteuil (datée Rome 1922), provenant du jardin du Palais-Royal.

BOURSE DES VALEURS
PLACE DE LA BOURSE (F)

Commencé en 1808 sur les plans de l'architecte Brongniart, ce monument, inauguré en 1826, a été agrandi de 1902 à 1907. Aux quatre angles s'élèvent des statues allégoriques en pierre, exécutées en 1851.

● Sur la façade principale, place de la Bourse, à gauche: la *Justice,* par Francisque Duret; à droite: le *Commerce,* par Augustin Dumont.

● Sur la façade postérieure, à gauche: l'*Industrie,* par James Pradier; à droite: l'*Agriculture,* par Charles Seurre.

PASSAGE DE BOURG-L'ABBÉ
3, RUE DE PALESTRO (G)

L'arcade d'entrée est flanquée de deux élégantes cariatides vêtues à l'antique, sculptées par Aimé Millet en 1863.

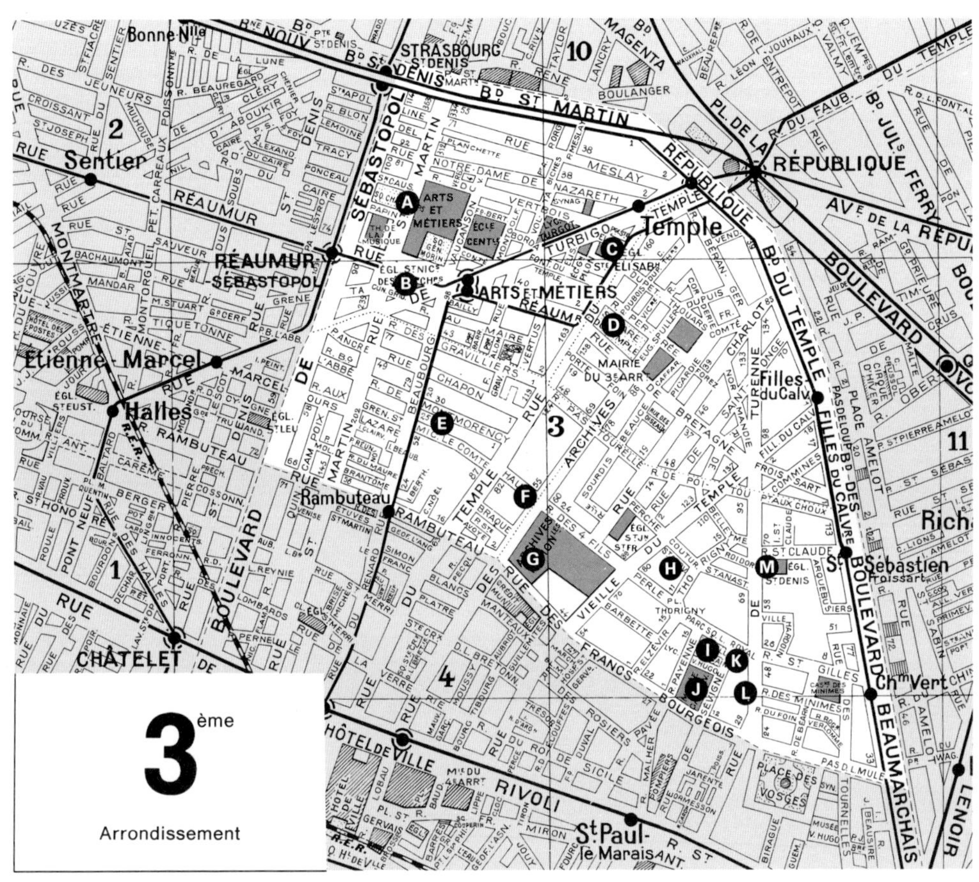

3ème
Arrondissement
Bonne Nlle
STRASBOURG ST DENIS
Bd ST DENIS
Bd ST MARTIN
10
Bd MAGENTA
RÉPUBLIQUE
PL. DE LA RÉPUBLIQUE
AVE DE LA RÉPUBLIQUE
Bd JULS FERRY
BOULEVARD
2
Sentier
RÉAUMUR
RÉAUMUR-SÉBASTOPOL
SÉBASTOPOL
ARTS ET MÉTIERS
ÉCLE CENTLE
Temple
ARTS ET MÉTIERS
MAIRIE DU 3E ARRT
Filles-du Calv
Bd DU TEMPLE
BOULEVARD DES FILLES DU CALVRE
Etienne-Marcel
Halles
3
11
Rambuteau
RAMBUTEAU
ARCHIVES
St Sébastien Froissart
1
CHÂTELET
BOULEVARD
4
HÔTEL DE VILLE
RIVOLI
St Paul-le Marais
PLACE DES VOSGES
Chm Vert
BEAUMARCHAIS
LENOIR
A
B
C
D
E
F
G
H
I
J
K
L
M

SQUARE EMILE-CHAUTEMPS (A)

Les deux bassins sont ornés de groupes en bronze exécutés en 1860. A gauche, en regardant la façade des Arts et Métiers, l'*Agriculture* et l'*Industrie,* par Charles Gumery; à droite, le *Commerce* et les *Arts,* par Auguste Ottin. A l'extrêmité du square, buste en bronze de *Marc Seguin* par Costa Spourdos (1987).

ANCIEN THÉÂTRE DE LA GAITÉ LYRIQUE
5, RUE PAPIN (A)

Sur la façade, deux statues en pierre sculptées en 1865: à gauche, le *Drame,* sous les traits d'Hamlet, par Eugène Godin; à droite, la *Comédie,* sous les traits de Scapin, par Amédée Doublemard.

CONSERVATOIRE DES ARTS ET MÉTIERS
292, RUE SAINT-MARTIN (A)

Portail flanqué de deux cariatides en pierre, l'*Art* et la *Musique,* par Louis Robert (1851).

ÉGLISE SAINT-NICOLAS-DES-CHAMPS
254, RUE SAINT-MARTIN (B)

Le portail sud (rue Cunin-Gridaine), bâti de 1576 à 1581, est considéré comme l'un des chefs-d'œuvre de la sculpture religieuse à Paris au temps de la Renaissance.

ÉGLISE SAINTE-ELISABETH
195, RUE DU TEMPLE (C)

Façade de style classique élevée dans la première moitié du 17e siècle. La statuaire ne date que des années 1860-1870.

Au rez-de-chaussée, *Saint Louis,* et *Sainte Eugénie,* par Anatole Calmels, et *Pieta,* sculptée en bas-relief par Joseph Pollet.

A l'étage, *Sainte Elisabeth de Hongrie,* par Emile Thomas et *Saint François d'Assise,* par Joseph Félon.

SQUARE DU TEMPLE (D)

Statue en pierre du chansonnier *Béranger,* sculptée par Henri Lagriffoul en 1953.

HOTEL D'HALLWYLL
28, RUE MICHEL-LECOMTE (E)

Construction du célèbre architecte Nicolas Ledoux, élevée en 1766. Le tympan du portail est sculpté de deux génies ailés, typiquement néo-antiques.

FONTAINE DES HAUDRIETTES
ANGLE ARCHIVES-HAUDRIETTES (F)

Une *Naïade,* sculptée en bas-relief par Pierre Mignot, orne cette fontaine reconstruite en 1765.

PALAIS SOUBISE
60, RUE DES FRANCS-BOURGEOIS (G)

Bâti de 1705 à 1709, par l'architecte Delamair, cette remarquable construction abrite les archives nationales.

- Portail sur rue: tympan orné d'un bas-relief en bois sculpté symbolisant l'*Histoire* (début 18e s.)
- Sur la façade principale, les quatre statues des

Saisons ne sont que les répliques des originaux exécutés au 18e siècle par Robert Le Lorrain.

Le fronton est surmonté de deux figures couchées: la *Gloire* et la *Magnificence,* par Robert Le Lorrain auquel sont dus également les quatre groupes d'*Enfants et de trophées* de la balustrade.

HOTEL AUBERT-DE-FONTENAY 5, RUE DE THORIGNY (H)

La façade de cet imposant hôtel élevé en 1657, aujourd'hui Musée Picasso, est couronnée d'un large fronton sculpté en bas-relief d'élégantes figures de femmes assises et d'enfants portant des guirlandes.

SQUARE LEOPOLD-ACHILLE (I)

Femme debout ou *Pomone,* statue en pierre provenant de l'ancien hôtel de ville.

SQUARE GEORGES-CAIN (I)

Ce square sert de dépôt lapidaire provisoire au Musée Carnavalet et de nombreux vestiges de monuments disparus y sont entassés. Au centre a été placée une gracieuse *Flore et son char,* ou *l'Aurore,* qui provient du Jardin des Tuileries. Ce groupe en bronze, exécuté au 17e siècle par un des sculpteurs du Parc de Versailles, Laurent Magnier, semble préfigurer l'art de la «belle époque».

MUSÉE CARNAVALET 23, RUE DE SÉVIGNÉ (J)

● Le portail fait partie du premier hôtel bâti vers

Square Georges Cain: Flore, par Laurent Magnier.

1550 pour le président de Lignèris par Pierre Lescot et décoré par Jean Goujon et ses élèves. Au tympan: deux enfants au milieu de trophées militaires. La clé de l'arcade est sculptée d'une figure de l'*Abondance*. De part et d'autre, deux bas-reliefs représentent des lions sur fond d'attributs guerriers; jadis au revers du portail, ils ont été placés à cet endroit au 17e siècle, au moment des agrandissement de François Mansart.

Le premier étage, reconstruit par Mansart en 1654, est orné de deux figures en fort relief: à gauche, la *Fermeté,* à droite la *Vigilance*. Au sommet de la façade: *Minerve*.

● La façade au fond de la cour date du 16e siècle. Elle est décorée de quatre délicates figures en bas-relief, les *Saisons,* dues à Jean Goujon.

Sur les ailes latérales, ajoutées par Mansart (17e s.), les figures allégoriques ont été sculptées par Van Obstal.

● Au centre de la cour, remarquable statue en bronze de *Louis XIV,* par Coysevox. Cette œuvre, placée dans la cour de l'Hôtel de Ville le 14 juillet 1689, a échappé à l'incendie de ce monument en 1871. Elle a été transportée au Musée Carnavalet en 1890.

● Sur la rue des Francs-Bourgeois, à l'angle de la rue de Sévigné: la *Sagesse et l'Amour ramenant la paix et l'abondance,* bas-relief de Van Obstal (milieu 17e s.) faisant allusion au Traité des Pyrénées signé entre la France et l'Espagne en 1659.

48, RUE DE SÉVIGNÉ (K)

Contre un immeuble a été remonté le seul vestige de l'ancienne fontaine Saint-Ambroise, primitivement rue Popincourt, détruite en 1860 au moment du percement du boulevard Voltaire. Il s'agit d'un bas-relief en pierre représentant la *Charité,* sculpté par Auguste Fortin en 1806.

FONTAINE DE JOYEUSE
41, RUE DE TURENNE (L)

Désigné aussi sous le nom de fontaine Saint-Louis (la rue de Turenne s'est appelée rue Saint-Louis), ce petit monument en forme de niche a été élevé en 1840 à l'emplacement d'un ancien hôtel de Joyeuse. Au-dessus d'une vasque en forme de coquille, un groupe en zinc, *Enfant soulevant une urne,* par Isidore Boitel, symbolise l'Ourcq dont les eaux alimentent Paris. Au fond de la niche, un élégant bas-relief représente des cigognes et des plantes aquatiques.

ÉGLISE
SAINT-DENIS-DU-SAINT-SACREMENT
70, RUE DE TURENNE (M)

Un bas-relief, la *Foi, l'Espérance et la Charité,* sculpté par Jean-Jacques Feuchère en 1844, orne le fronton de cette église bâtie en 1835 dans le style des basiliques romaines.

Dans une niche, à gauche de la façade, statue de *Saint Pierre,* par Héral Legendre (1849); à droite, *Saint Paul* par un sculpteur allemand élève de Rude, Jean Hartung (1847).

Sous le portique: quatre figures en haut-relief. A gauche, la *Force* et la *Justice;* à droite, la *Prudence* et la *Tempérance,* sculptées en 1865 par Noémie Constant, dite Claude Vignon.

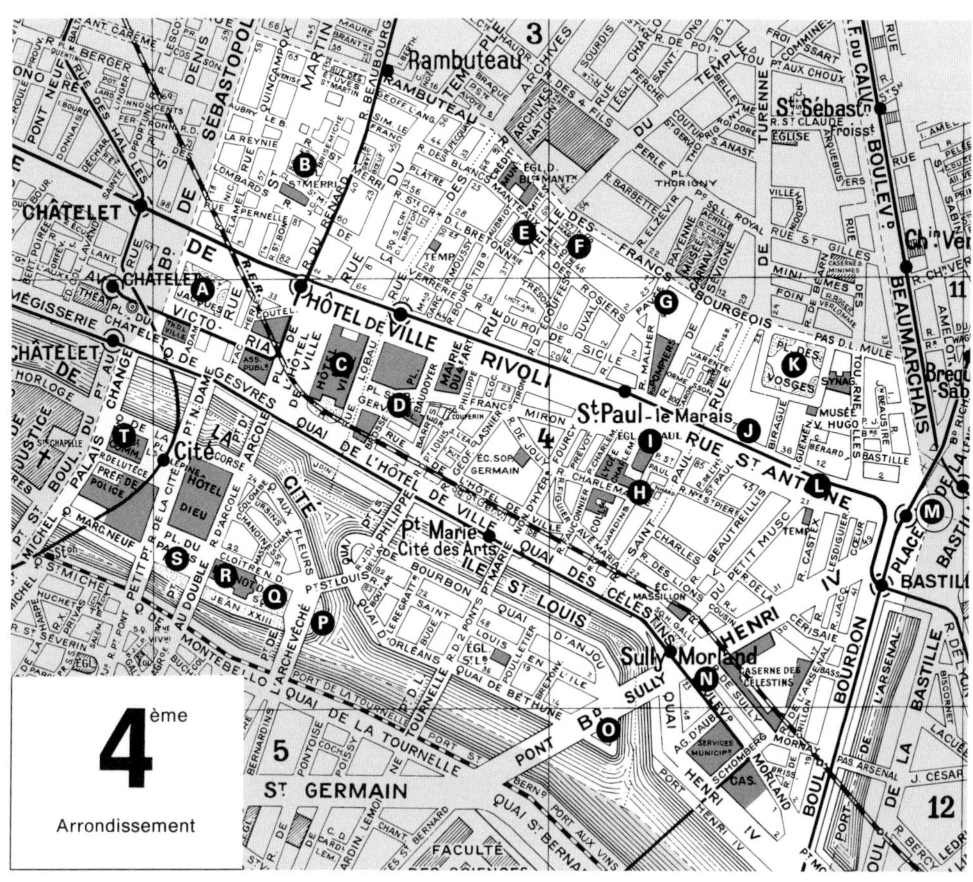
4ème
Arrondissement
Rambuteau
Châtelet
Hôtel de Ville
St Paul - le Marais
Pt Marie
Cité des Arts
Sully Morland
Cité
St Sébastn Froisst
Chin Vert
Bastille
Bregt Sab
RUE DE RIVOLI
RUE ST ANTOINE
QUAI DE L'HÔTEL DE VILLE
QUAI DES CÉLESTINS
QUAI DE GESVRES
QUAI DE LA TOURNELLE
QUAI ST BERNARD
QUAI DE BÉTHUNE
QUAI D'ANJOU
QUAI DE BOURBON
QUAI D'ORLÉANS
QUAI HENRI IV
BOUL. HENRI IV
BOUL. BOURDON
BOULEVD BEAUMARCHAIS
BOULEVD DU CALV.
BOUL. DE SÉBASTOPOL
BOUL. DU PALAIS
BD ST MICHEL
BD ST GERMAIN
BD DE LA BASTILLE
PLACE DE LA BASTILLE
PONT DE SULLY
PONT DE LA TOURNELLE
PONT AU CHANGE
PONT NEUF
PONT ST MICHEL
PONT D'ARCOLE
PONT NOTRE DAME
ILE ST LOUIS
CITÉ
RUE DE TURENNE
RUE VIEILLE DU TEMPLE
RUE DU TEMPLE
RUE DES FRANCS BOURGEOIS
RUE DES ROSIERS
RUE DE SÉVIGNÉ
RUE DE BIRAGUE
RUE DES TOURNELLES
RUE SAINT PAUL
RUE BEAUTREILLIS
RUE DU PETIT MUSC
RUE DES LIONS
RUE CHARLES V
RUE DE MORLAND
RUE DE SCHOMBERG
RUE DE L'ARSENAL
RUE DE LA CERISAIE
RUE DE SICILE
RUE PAVÉE
RUE MALHER
RUE DES ARCHIVES
RUE DU RENARD
RUE BEAUBOURG
RUE ST MARTIN
RUE QUINCAMPOIX
RUE DE LA VERRERIE
RUE DU ROI DE SICILE
RUE FRANÇOIS MIRON
RUE DES BLANCS MANTEAUX
RUE RAMBUTEAU
RUE DE LA PERLE
RUE DES 4 FILS
RUE LOBAU
RUE DE LA CITÉ
RUE D'ARCOLE
RUE DU CLOÎTRE N.D.
RUE JEAN XXIII
RUE DES URSINS
RUE CHANOINESSE
RUE DE LUTÈCE
RUE SAINT LOUIS EN L'ILE
RUE DES DEUX PONTS
RUE POULLETIER
RUE BUDÉ
RUE LE REGRATTIER
Q. AUX FLEURS
PL. DES VOSGES
PL. DU CHÂTELET
PL. DU PARVIS N.D.
PL. BAUDOYER
PL. DE L'HÔTEL DE VILLE
PL. THORIGNY
PL. DU MARCHÉ STE CATHERINE
HÔTEL DE VILLE
HÔTEL DIEU
PRÉF. DE POLICE
PALAIS DE JUSTICE
STE CHAPELLE
TRIB. DE COMM.
NOTRE DAME
ARCHIVES NATION.
MUSÉE CARNAVALET
MUSÉE V. HUGO
CASERNE DES CÉLESTINS
SERVICES MUNICIPX
CRÉDIT MUN.
ÉGL. ST LS
ÉGL. ST MERRI
ÉC. SUP. GERMAIN
LYCÉE CHARLEMAGNE
SYNAG.
POMPIERS
THÉÂTRE
FACULTÉ DES SCIENCES
3
4
5
11
12
A B C D E F G H I J K L M N O P Q R S T

TOUR SAINT-JACQUES
SQUARE SAINT-JACQUES (A)

Seul vestige de l'église Saint-Jacques-de-la-Boucherie détruite en 1797, cette tour du 16e siècle, haute de 57 m, a été restaurée en 1854. Toutes les statues datent de cette époque.

● A noter, au premier étage, côté du boulevard de Sébastopol, un *Saint Jean-Baptiste,* par Georges Diebolt, l'auteur du zouave du pont de l'Alma.

● Au sommet, les quatre symboles évangéliques: l'*Ange,* le *Lion,* le *Bœuf,* l'*Aigle* et la statue de *Saint Jacques le Majeur* en costume de pèlerin (H 4 m), sont dus à Jean-Louis Chenillon.

● Sous la tour, au rez-de-chaussée: statue en marbre de *Blaise Pascal,* par Pierre Cavellier 1857.

● Dans le square a été placé un médaillon en bronze de Jehan du Seigneur représentant *Gérard de Nerval* (1831).

RUE SAINT-MARTIN (B)

A l'angle de la rue des Lombards, dans le secteur piétonnier, *Le Chant des Voyelles,* grand bronze de Jacques Lipchitz, daté 1930-1932.

ÉGLISE SAINT-MERRI
78, RUE SAINT-MARTIN (B)

● La façade, élevée vers 1520 dans le plus pur style flamboyant, présente une décoration sculptée d'une grande richesse. A remarquer les guirlandes de feuillages profondément découpées où s'agitent des petits personnages et des animaux.

Les grandes statues d'apôtres ainsi que les statuettes des voussures ont été refaites en 1842 par Desprez et Brun.

● Sur la face nord: nombreuses et pittoresques gargouilles.

● Sur la face sud (76, rue de la Verrerie), la fenêtre centrale du presbytère, construit vers 1630, est surmontée de deux élégants angelots.

PLACE STRAVINSKY (B)

Grand bassin orné, sur le thème général du *Sacre du Printemps,* de personnages animés multicolores, par Niki de Saint-Phalle et de machines, par Jean Tinguely (1983).

QUARTIER DE L'HORLOGE (B)

A l'entrée de la rue Brantôme, Prométhée, grand bronze par Ossip Zadkine. Plus loin, rue Bernard de Clairvaux, *le Défenseur du Temps,* horloge monumentale animée en laiton martelé, par Jacques Monestier (1979).

HÔTEL DE VILLE (C)

Bâti de 1873 à 1892, en style Renaissance, par Ballu et Deperthes, cet édifice abondamment décoré reproduit, de façon presque identique, l'ancien Hôtel de Ville commencé en 1553 par Dominique de Cortone, dit le Boccador, et incendié au moment de la Commune en 1871.

● Devant la façade principale deux statues de femmes assises, en bronze, ne manquent pas de noblesse; elles représentent: à gauche, la *Science,* par Jules Blanchard; à droite, l'*Art* par Laurent Marqueste.

● Le bâtiment central est surmonté d'une horloge qu'encadrent deux groupes en pierre: l'*Instruction* et

4

Hôtel de Ville: l'Art, par Marqueste.

le *Travail,* par Ernest Hiolle, et deux figures couchées: la *Seine* et la *Marne,* par Aimé Millet. Audessus du cadran, la *Ville de Paris,* par Jean Gautherin et, sur le fronton, deux figures assises: la *Prudence* et la *Vigilance,* par Charles Gauthier.

● Les hautes toitures sont couronnées de six chevaliers, haut de 2 m 40, en cuivre repoussé et primitivement doré, par Aimé Perrey, François Pascal, Victorien Tournier.

A la base du campanile, les quatre chimères, également en cuivre, sont dues au sculpteur animalier Auguste Cain.

● Sur toutes les façades, des niches abritent cent trente-six statues de grands (ou moins grands) personnages de l'histoire de Paris.

● Façade sud (côté Seine). Statue équestre en bronze d'*Etienne Marcel,* prévôt des marchands de Paris au 14e siècle, par Jean Idrac et Laurent Marqueste (1880).

● Façade est (rue Lobau). Les deux portails sont flanqués de lions assis, en bronze, par Alfred Jacquemart (porte de gauche) et Auguste Cain (porte de droite). A la hauteur de l'attique se dressent quatorze figures allégoriques symbolisant des grandes villes de France.

ÉGLISE SAINT-GERVAIS
PLACE SAINT-GERVAIS (D)

La façade, la première de style classique à Paris, a été élevée à partir de 1616.

Les statues primitives, dues à Michel Bourdin et à Gilles Guérin, ont été détruites à la Révolution. Elles ont été remplacées de part et d'autre du fronton par deux groupes en pierre exécutés en 1948: *Saint Mathieu,* par Pierre Poisson, et *Saint Jean l'évangéliste,* par Georges Saupique.

Entre les colonnes du premier étage: *Saint Gervais,* par Antoine Préault, et *Saint Protais,* par Antonin Moine datent de 1849.

HOTEL AMELOT DE BISSEUIL
47, RUE VIEILLE-DE-TEMPLE (E)

Le portail de cet hôtel, dit aussi des Ambassadeurs de Hollande, a été sculpté vers 1660 par Thomas Regnaudin. Au fronton, deux renommées symbolisent la *Guerre* et la *Paix*. Remarquables vantaux en bois sculpté ornés de vigoureux masques de Méduse, d'enfants tenant un cartouche et de charmants médaillons surmontés d'opulentes guirlandes de fruits.

Ancienne fontaine du marché des Blancs-Manteaux.

ANCIENNE FONTAINE DU MARCHÉ DES BLANCS-MANTEAUX
8, RUE DES HOSPITALIÈRES-SAINT-GERVAIS (F)

Ces deux têtes de bœuf en bronze, hautes de 60 cm, exécutées en 1819 par le sculpteur Edme Gaulle, le maître de Rude, ornaient le bâtiment de la boucherie du marché des Blancs-Manteaux, remplacé depuis par une école.

HOTEL LAMOIGNON
24, RUE PAVÉE (G)

● Le grand portail, élevé en 1718, est surmonté d'un fronton orné de deux figures d'enfants qui symbolisent, à gauche, la *Vérité,* à droite, la *Prudence.*
● Le bâtiment principal date de la fin du 16ᵉ siècle. Les deux avant-corps comportent chacun deux frontons sculptés d'élégants bas-reliefs. Thème général: la chasse, l'un des plaisirs favoris de Diane de France, fille légitimée de Henri II, qui fit bâtir cet hôtel.

FONTAINE CHARLEMAGNE
8, RUE CHARLEMAGNE (H)

Exécutée en 1840 par un sculpteur resté anonyme, elle se compose d'une vasque supportée par des dauphins et surmontée d'un enfant soulevant une coquille, en fonte.

ÉGLISE SAINT-PAUL-SAINT-LOUIS
99, RUE SAINT-ANTOINE (I)

La seule façade réellement baroque de Paris a été construite de 1634 à 1641 par le Père François Derand, architecte des Jésuites. Les anciennes statues, détruites à la Révolution, ont été remplacées en 1860.

Au premier étage: à gauche, *Sainte Catherine,* par Antoine Préault; à droite, *Sainte Anne,* par Antoine Etex.

Au second étage: dans la niche centrale, *Saint Louis,* par Eugène Lequesne, surmonté des armes de France et de Navarre.

Les vantaux en bois sculpté des trois portails datent du 17ᵉ siècle.

4 HOTEL SULLY
62, RUE SAINT-ANTOINE (J)

Les façades de cet hôtel, élevé en 1624 par Jean Ier Androuet du Cerceau, comportent une abondante décoration sculptée, influencée par le baroque flamand. Dans la cour, des niches abritent des figures allégoriques qui symbolisent les éléments et les saisons. A gauche, l'*Air* et le *Feu;* à droite, la *Terre* et l'*Eau*. Au fond, l'*Automne* et l'*Hiver* (le *Printemps* et l'*Eté* ornent la façade sur jardin).

PLACE DES VOSGES (K)

Statue équestre de Louis XIII en marbre, œuvre assez médiocre commencée en 1816 par Louis Dupaty, terminée cinq ans plus tard par Jean-Pierre Cortot. Elle remplace un *Louis XIII vêtu en empereur romain,* exécuté en bronze en 1639 par Pierre Biard et détruite en 1792.

TEMPLE DE LA VISITATION
17, RUE SAINT-ANTOINE (L)

Edifice aux proportions harmonieuses, élevé par François Mansart en 1632. Au-dessus du fronton, deux figures assises, la *Religion* et la *Charité* ont été sculptées par Ernest Hiolle en 1873.

CARREFOUR RUE SAINT-ANTOINE–RUE DES TOURNELLES (L)

Statue de Beaumarchais, en bronze, par Louis Clausade (1895).

COLONNE DE JUILLET
PLACE DE LA BASTILLE (M)

Ce monument a été érigé par l'architecte Alavoine, de 1831 à 1840, en souvenir des morts de la révolution des 27, 28 et 29 juillet 1830. Les restes de ces victimes, ainsi que ceux des victimes de la Révolution de 1848, reposent dans des caveaux souterrains aménagés sous la colonne.

A cet emplacement, qui est celui de l'ancienne forteresse de la Bastille détruite à la Révolution, Napoléon Ier voulait faire édifier une fontaine monumentale en forme d'éléphant. Le modèle en plâtre de cette fontaine, évoquée par Victor Hugo dans *Les Misérables,* fut dressé provisoirement en 1810 sur un des côtés de la place. Devenu un repaire de rats, il dut être démoli en 1846. Le piédestal de la colonne n'est autre que celui qui avait été prévu pour supporter l'éléphant.

● Le socle en bronze est orné, du côté de la rue Saint-Antoine, d'un lion marchant, en bas-relief, par Barye. Les coqs gaulois placés aux quatre angles supérieurs du socle sont dus aussi à Barye.

● Le fût de la colonne en bronze, est décoré d'arabesques, par Antoine Marneuf, et de mufles de lions, par Barye.

● Le chapiteau en bronze (H 2 m 80) de style composite, est également constitué de mufles de lions, par Barye, et de génies et de palmettes, par Marneuf. Jamais un bronze d'une telle dimension n'avait été fondu d'une seule pièce. Son transport, depuis les ateliers du fondeur, situé faubourg du Roule, donna lieu, le dimanche 10 mai 1839, à des incidents provoqués par des ouvriers porteurs de drapeaux rouges.

● Au sommet semble planer l'aérien *Génie de la Liberté,* en bronze doré, haut de 4 mètres, dû au sculpteur Augustin Dumont.

A RIMBAUD
L'HOMME AUX SEMELLES DEVANT

Au cours des années récentes, de nombreuses commandes ont été passées à des sculpteurs contemporains. L'Homme aux semelles devant a été conçu en 1984 par Jean Ipoustéguy comme un hommage au poète Arthur Rimbaud.

BOULEVARD MORLAND (N)

Devant la bibliothèque de l'Arsenal, monument à Arthur Rimbaud, bronze de Jean Ipoustéguy (1984) sur le thème de *L'Homme aux semelles devant.*

PONT SULLY (O)

A la pointe orientale de l'île Saint-Louis: *Monument à Barye,* par Laurent Marqueste (1894). Les deux groupes en pierre reproduisent ceux du pavillon Denon, au Louvre, exécutés par le célèbre sculpteur animalier. Ce monument comportait également des motifs en bronze qui ont été fondus pendant l'occupation.

MÉMORIAL DE LA DÉPORTATION SQUARE DE L'ILE-DE-FRANCE (P)

Crypte d'une émouvante sobriété amenagée en 1961 par l'architecte Henri Pingusson. Au-dessus du tombeau d'un déporté inconnu mort au camp du Struthof, en Alsace, est placée une sculpture métallique aux formes pures et acérées, très évocatrices, exécutée par Roger Desserprit.

SQUARE JEAN XXIII (Q)

Fontaine de l'archevêché, élevée en 1845 en pleine vogue du néo-gothique. En forme de pinacle, elle abrite une statue de la Vierge et de l'Enfant, trois archanges et les douze apôtres, sculptés par Louis Merlieux.

Buste en pierre de *Carlo Goldoni,* par Edouard Fortini (1907).

Mémorial de la Déportation par Desserprit.

CATHÉDRALE NOTRE-DAME (R)

Mise en chantier dans la seconde moitié du 12e siècle, achevée vers 1250, la cathédrale de Paris – un des grands monuments de l'art médiéval – permet de suivre l'évolution de la sculpture gothique au temps

4 de son apogée. Les importantes restaurations entreprises vers 1850 par Viollet-le-Duc, notamment la reconstitution presque totale de la grande statuaire détruite à la Révolution, ne doivent pas jeter le discrédit sur l'ensemble de la sculpture ornementale – tympans, voussures, bas-reliefs – restée à peu près intacte.

● *Portail sainte Anne* (à droite de la façade). Sculptures exécutées en partie vers 1170, peut-être avant le portail lui-même. Toutefois, des découvertes récentes laissent supposer que la construction de ce portail serait plus ancienne qu'on ne le supposait jusqu'à présent.

Au tympan, la *Vierge portant l'Enfant* est assise sous une arcature dans la pose encore hiératique des Vierges de majesté romanes. A ses côtés apparaissent, exceptionnels pour l'époque, des personnages historiques, l'évêque Maurice de Sully et le roi Louis VII, ou, selon une thèse nouvelle, *Saint Germain* et *Childebert*. Derrière l'évêque, à gauche, un scribe, d'un réalisme saisissant, est considéré comme l'une des œuvres les plus remarquables de la sculpture gothique à ses débuts.

Le linteau supérieur représente des épisodes de la vie de la Vierge, l'*Annonciation,* la *Visitation,* la *Nativité,* l'*Annonce aux bergers* et les *Rois mages devant Hérode*. Le linteau inférieur un peu plus tardif – il date du début du 13e siècle –, témoigne de l'évolution rapide de la sculpture en moins de cinquante ans. Il contraste avec le précédent par son style plus souple, plus animé et par sa composition mieux coordonnée. Il représente des épisodes de la vie de sainte Anne et de saint Joachim, les parents de la Vierge, et le mariage de la Vierge et de saint Joseph.

Dans les voussures (début 13e s.) apparaissent des anges, des rois, des prophètes, des vieillards de l'Apocalypse. Les grandes statues des saints et des rois de la Bible ont été refaites au 19e siècle.

● *Portail du Jugement dernier* (au centre). Sculpté vers 1220-1230, cet ensemble magistral, grouillant de vie et de mouvement, a été saccagé en 1771 par Soufflot. Pour permettre le passage des dais de procession, celui-ci n'a pas hésité à supprimer le trumeau et à tailler le tympan en ogive. Les restaurations de Viollet-le-Duc ont rétabli le portail dans son aspect primitif. Au tympan, le *Christ-Juge, la Vierge, deux anges et saint Jean l'Evangéliste*. Remarquer l'ange de gauche, d'un style différent des autres figures, un des chefs-d'œuvre du 13e siècle. Au-dessous, les élus accueillis au ciel et les réprouvés précipités en enfer. On aperçoit la trace de l'ogive percée par Soufflot. La partie centrale du *Pèsement des âmes,* ainsi que le linteau où figure la *Résurrection des morts,* ont été refaits par Armand Toussaint en 1853.

A la base des six voussures sont représentés, à gauche, le *Paradis,* à droite l'*Enfer,* ce dernier par des scènes hallucinantes, d'une imagination débordante, puis des angelots, des patriarches, des prophètes, des martyrs et des Vierges. Le réalisme des visages est remarquable.

Les soubassements qui supportent les grandes statues du 19e siècle (les *Apôtres* et, au trumeau, le *Christ,* par Geoffroy-Dechaume) sont ornés de vingt-quatre petits bas-reliefs du 13e siècle en assez mauvais état. Les *Vertus* y surmontent les *Vices,* inscrits dans des médaillons. Il s'agit des plus anciennes sculptures connues sur ce thème. Ebrasement de gauche, de gauche à droite: l'*Humilité* et l'*Orgueil,* la *Prudence* et la *Folie,* la *Chasteté* et la *Luxure,* la *Charité* et l'*Avarice,* l'*Espérance* et le *Désespoir,* la *Foi* et l'*Idolâtrie*. Ebrasement de droite: le *Courage* et la *Lâcheté,* la *Patience* et la *Colère,* la *Douceur* et la *Dureté,* la *Paix* et la *Discorde,* l'*Obéissance* et la *Révolte,* la *Persévérance* et l'*Inconstance*.

A leur suite, sur chaque contrefort figurent deux bas-reliefs également du 13e siècle, dont les sujets n'ont pu être élucidés.

4

Cathédrale Notre-Dame: portail du Jugement dernier (détail: l'Enfer).

● *Portail de la Vierge* (à gauche de la façade). Œuvre d'une pureté et d'une noblesse exceptionnelles, sculptée entre 1210 et 1220.

Au tympan, dans le registre inférieur, trois rois ancêtres de la Vierge et trois prophètes. Au centre, des anges emportent le corps de la Vierge en présence du Christ et des apôtres. Au sommet, le *Triomphe de la Vierge bénie par le Christ et couronnée par un ange.*

Les voussures réunissent toute la cour triomphale de la Vierge: des prophètes, des rois, des patriarches.

Sur les piédroits, à gauche et à droite du portail, une suite de charmants petits bas-reliefs, malheureusement abîmés, symbolisent les travaux des douze mois de l'année et les signes du zodiaque.

Sur les faces latérales du trumeau, d'autres petits bas-reliefs évoquent avec réalisme et simplicité les

4

saisons (face gauche) et les âges de la vie (face droite).

Dans les ébrasements, une troisième série de petits bas-reliefs placés entre les arcatures, permettent, en principe, d'identifier les grandes statues (refaites au 19e s.) qui les surmontent. On reconnaîtra entre autres, à gauche, la *Décapitation de saint Denis* et *Saint Michel terrassant le dragon;* à droite, *Salomé recevant la tête de saint Jean Baptiste* et la *Lapidation de saint Etienne.*

● Partie supérieure de la façade. Comme celles des portails, les vingt-huit statues de la Galerie des rois (rois d'Israël à gauche, de Juda à droite), abattues à la Révolution, ont été refaites vers 1850 par un groupe de sculpteurs (Chenillon, Michel-Pascal, Toussaint, Fromanger, Cavelier) dirigés par Alfred Geoffroy-Dechaume.

Au-dessus de la galerie des Rois, sur la balustrade: la *Vierge et l'Enfant,* par Geoffroy-Dechaume, entourés de deux anges et, sur les côtés, *Adam* et *Eve,* par Chenillon. A noter que la statue primitive d'Adam, conservée au Musée de Cluny, est un des rares exemples de nus exécutés au 13e siècle.

● Transept nord, rue du Cloître-Notre-Dame. Cette façade a été élevée vers 1255 par l'architecte Jean de Chelles. Le trumeau du portail a conservé miraculeusement sa célèbre *Vierge portant l'Enfant des deux mains.* Bien que mutilée, cette œuvre par son attitude toute de fierté et de noblesse, marque le point de départ de la grande lignée des Vierges à l'Enfant des 13e et 14e siècles.

Le tympan représente, en trois registres, en bas, la *Nativité,* la *Présentation au temple,* le *Massacre des Innocents* et la *Fuite en Egypte;* au milieu, le *Miracle de Théophile* qui avait vendu son âme au diable et que délivre la Vierge; au sommet, *Théophile assis à côté de son évêque.*

Notre-Dame: la Vierge du transept nord.

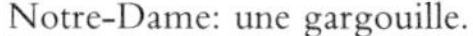
Notre-Dame: une gargouille.

Notre-Dame: Viollet-le-Duc en apôtre.

Dans les voussures: des anges, des vierges et des docteurs.

● Porte rouge, ouverte dans la troisième travée du chœur, par l'architecte Pierre de Montreuil, vers 1260. Le tympan représente le Couronnement de la Vierge entre saint Louis et son épouse Marguerite de Provence. Dans la large voussure se déroulent des scènes de la *Vie de saint Marcel* qui, d'après la légende, sauva Paris d'un animal monstrueux.

Les soubassements de ce portail sont ornés de petits animaux et de monstres sculptés en léger relief, avec beaucoup de verve et d'imagination.

● Contre le bas-côté nord du chœur, à la suite de la Porte rouge, sept bas-reliefs, inscrits dans des quadrilobes de feuillages, représentent des scènes à la gloire de la Vierge. En avançant vers le chevet, on rencontre successivement la *Mort de la Vierge,* ses *funérailles,* l'*Assomption,* composition d'une remarquable harmonie sur un thème rare pour l'époque, le *Couronnement de la Vierge,* le *Christ portant l'âme de la Vierge* (très mutilé), *Scène de la légende de Théophile délivré par la Vierge.* Ces œuvres sculptées au début du 14e siècle, témoignent du style anecdotique et quelque peu maniéré qui se substitue à cette époque à la puissance d'expression du siècle précédent.

● Transept sud, square de l'Archevêché, élevé en 1258, par Jean de Chelles, puis par Pierre de Montreuil. Le portail, peu visible, constitue un des plus remarquables ensembles de sculptures de l'époque.

Le tympan figure la *Vie de saint Etienne,* auquel l'église qui précéda la cathédrale était dédiée. Dans les voussures, des anges et des martyrs.

Les grandes statues datent du 19e siècle. Quelques-unes des statues primitives ont été retrouvées décapitées en 1839. Elles sont présentées dans une salle basse de la tour nord.

A la base des contreforts, huit petits bas-reliefs

4

représentent des scènes vivantes et pittoresques, probablement relatives à la vie des étudiants.

● Sur la toiture, au pied de la flèche, refaite au 19e siècle, on aperçoit les *Quatre symboles évangéliques* (H 1 m 50) et les *Douze apôtres* (H 3 m50) en cuivre martelé, par Geoffroy de Chaume. L'un des apôtres de l'angle sud-est est représenté sous les traits de Viollet-le-Duc.

● Au sommet des deux tours, les nombreuses et pittoresques gargouilles en pierre ont également été refaites au 19e siècle sur les dessins de Viollet-le-Duc.

PARVIS NOTRE-DAME (S)

Statue de Charlemagne. Ce groupe en bronze, qui représente l'empereur, à cheval, conduit par Olivier et Roland, a été exécuté en 1877 par Louis et Charles Rochet. Il s'agit, comme l'écrit Paul Marmottan, d'une œuvre de «haute archéologie», au point que l'épée conservée à Madrid comme étant celle de Roland, la célèbre Durandal, a été scrupuleusement copiée.

TRIBUNAL DE COMMERCE
1, QUAI DE CORSE (T)

La façade sur le quai de ce monument inauguré en 1865, est ornée, au-dessus des colonnes, de quatre statues en pierre. De gauche à droite, la *Fermeté,* par Louis Eude, la *Loi,* par Elias Robert, la *Justice,* par Jacques Chevalier, la *Prudence,* par Jules Salmson. A hauteur de l'attique, des figures en forme de gaine représentent deux *Vieillards* et deux *Adolescents,* sculptés par Carrier-Belleuse en 1868.

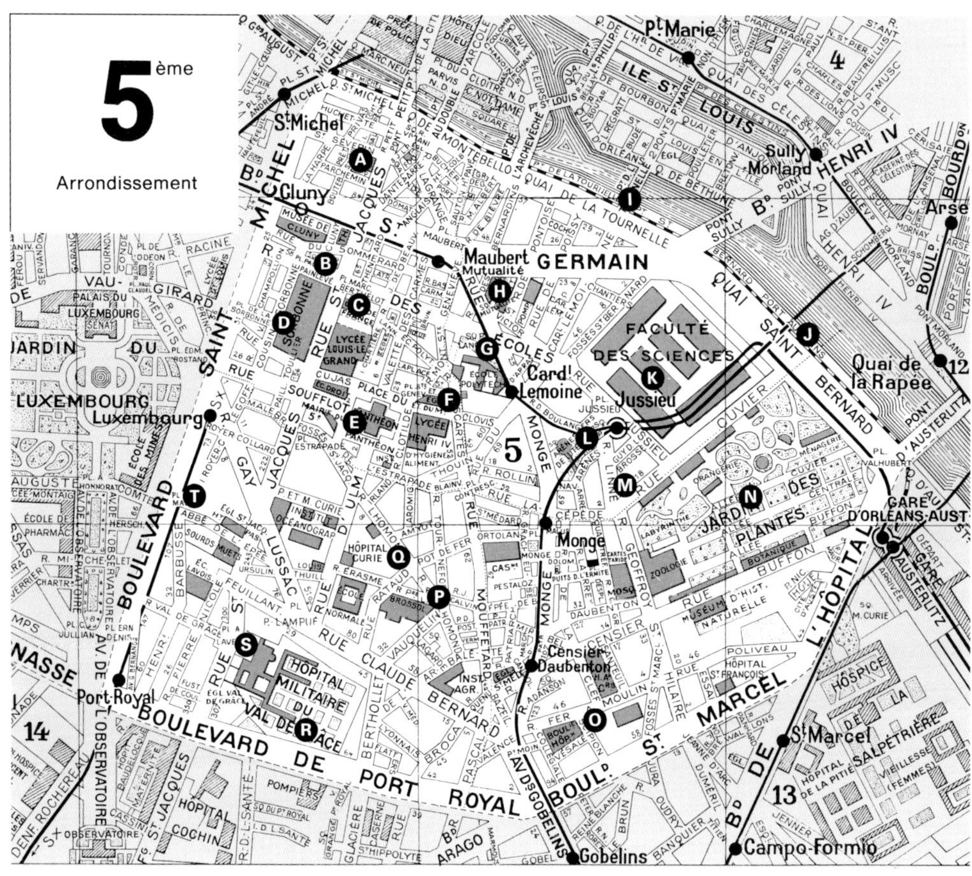
5ème
Arrondissement
St Michel
Cluny
Maubert Mutualité
GERMAIN
Pt Marie
ILE ST LOUIS
Sully Morland
HENRI IV
Arse
Card! Lemoine
Jussieu
FACULTÉ DES SCIENCES
Quai de la Rapée
QUAI SAINT BERNARD
QUAI DE LA TOURNELLE
Luxembourg
LUXEMBOURG
JARDIN DU
PALAIS DU LUXEMBOURG
SORBONNE
LYCÉE LOUIS-LE-GRAND
PANTHÉON
LYCÉE HENRI IV
5
MONGE
Monge
JARDIN DES PLANTES
GARE D'ORLÉANS-AUST
GARE D'AUSTERLITZ
BOULEVARD SAINT MICHEL
HÔPITAL MILITAIRE DU VAL DE GRÂCE
Port-Royal
BOULEVARD DE PORT ROYAL
Censier Daubenton
Gobelins
AV DES GOBELINS
BOULD ST MARCEL
St Marcel
BD DE L'HÔPITAL
Campo-Formio
HOSPICE DE LA SALPÊTRIÈRE
14
13
4
12
A
B
C
D
E
F
G
H
I
J
K
L
M
N
O
P
Q
R
S
T

5 ÉGLISE SAINT-SÉVERIN
RUE DES PRÊTRES-SAINT-SÉVERIN (A)

● Portail du 13e siècle provenant d'une église de la Cité, Saint-Pierre-aux-Bœufs, détruite vers 1830. Le tympan – la *Vierge et l'Enfant* entre deux anges – sculpté par Joseph Ramus, date de 1838.
● Au tympan de la porte latérale (rue Saint-Séverin): *Saint Martin partageant son manteau,* bas-relief par Jacques Maillet (1853).
● Dans le square, sur le flanc sud de l'église, buste en bronze d'*Emile Verhaeren,* par César Scrouvens (1927).

SQUARE PAUL-PAINLEVÉ (B)

Fontaine à la mémoire d'*Octave Gréard,* par Jules Chaplain (1909). Statue de *Puvis de Chavannes,* en pierre, par Jules Desbois (1924). *Louve* en bronze, d'après l'antique, offerte en 1962 par la ville de Rome à la ville de Paris. Sur la rue des Ecoles, à l'extérieur du square, statue en bronze de *Montaigne,* par Paul Landowski (1934).

LA NOUVELLE SORBONNE
RUE DES ÉCOLES (B)

La façade, élevée de 1885 à 1901, est surmontée de deux frontons sculptés en ronde bosse. A gauche, les *Sciences,* par Antonin Mercier; à droite, les *Lettres,* par Henri Chapu.

Devant l'attique se dressent huit statues allégoriques; de gauche à droite: la *Chimie,* par Antoine Injalbert; l'*Histoire naturelle,* par Emile Carlier; la *Physique,* par Albert Lefeuvre; les *Mathématiques,* par Auguste Suchetet; l'*Histoire,* par Alphonse Cordonnier; la *Géographie,* par Laurent Marqueste; la *Philosophie,* par Louis Longepied; l'*Archéologie,* par Auguste Pâris.

PLACE MARCELIN-BERTHELOT (C)

● Dans la cour d'entrée du collège de France, statue en marbre de *Champollion,* sculptée par Auguste Bartholdi en 1875.
● Dans le jardin situé devant le collège de France: statue de *Dante,* en bronze, par Jean-Paul Aubé (1882); statue de *Claude Bernard,* en pierre, par Raymond Couvègnes (1946); buste de *Ronsard,* en pierre, par Rousaud (1928).

RUE SAINT-JACQUES (C)

Dans la cour du Collège de France qui porte son nom, on aperçoit la statue en marbre de *Guillaume Budé,* par Louis Bourgeois (1882).

PLACE DE LA SORBONNE (D)

Monument à Auguste Comte, constitué du buste du philosophe flanqué de deux figures en pierre, par Antoine Injalbert (1902).

ÉGLISE DE LA SORBONNE
PLACE DE LA SORBONNE (D)

● Façade bâtie par l'architecte Lemercier en 1642. Toute la statuaire a été refaite au 19e siècle, la plus grande partie vers 1875.

Au rez-de-chaussée, à gauche, *Bossuet,* par Louis Barrias; à droite, *Gerson,* ancien chancelier de l'université, par Joseph Félon.

Au premier étage, l'horloge, surmontée des armes de Richelieu (dont le tombeau par Girardon se trouve à l'intérieur de l'église) est encadrée de deux figures de femmes, la *Vérité* et la *Science,* sculptées en bas-relief en 1827 par Jean-Baptiste Roman. A gauche, *Saint Thomas d'Aquin,* par Alexandre Schœnewerk; à droite, *Pierre Lombard,* par Hubert Lavigne.

A la base des ailerons épaulant l'étage, à gauche, *Elie et Moïse,* par Vital-Dubray; à droite, *Saint Paul et Saint Jean,* par Jean Marcellin.

● La façade nord (dans la cour, 17, rue de la Sorbonne) est surmontée de statues également exécutées vers 1875. De gauche à droite: l'*Eloquence,* par André Allar; la *Religion,* par Charles Bourgeois; la *Science,* par Louis Cugnot; la *Théologie,* par Jean-Baptiste Cabet; la *Philosophie,* par Charles Gauthier; la *Poésie,* par Adolphe Thabard.

● A la base du dôme, les pilastres sont couronnés de porteurs de pots à feu, seuls vestiges de la décoration d'origine, sculptée par Simon Guillain et Guillaume Berthelot.

PANTHÉON
PLACE DU PANTHÉON (E)

Imposant édifice commencé sous le règne de Louis XV par l'architecte Soufflot.

● Le fronton a été sculpté de 1831 à 1837 par David d'Angers. Cette vaste composition de 28 mètres de large exalte la *Patrie entre la Liberté et l'Histoire, distribuant des couronnes aux grands hommes.* A gauche figure un groupe de militaires conduits par Bonaparte. A droite, on reconnaît notamment Malesherbes, Mirabeau, Monge, Fénelon, Carnot, Louis David, Cuvier, La Fayette, Voltaire, Rousseau.

Deux frontons ont précédé celui de David d'Angers. Le premier, sculpté au 18e siècle par Guillaume Coustou alors que le monument était destiné à devenir l'église Sainte-Geneviève, représentait une croix rayonnante entourée d'anges. Le second, par Moitte, terminé en 1793, après que toute la décoration primitive eut été détruite, symbolisait la Patrie couronnant les Vertus civiles et héroïques. Il fut à son tour supprimé au début de la Restauration.

● L'immense péristyle est décoré de grands bas-reliefs. De gauche à droite, l'*Instruction publique,* par Jacques Lesueur, œuvre contemporaine de l'ancien fronton de Moitte (1793), enlevé en 1815 et replacé en 1833, puis la *Science et les arts,* l'*Agriculture* (symbolisée par Cérès en Triptolème), la *Magistrature,* tous trois sculptés par Charles Lebœuf-Nanteuil en 1831, enfin, le *Dévouement patriotique,* également de l'époque révolutionnaire, par Antoine Chaudet.

PLACE DU PANTHÉON (E)

De part et d'autre du Panthéon, deux statues en pierre. A gauche, *Corneille,* par Gabriel Rispal; à droite, *Jean-Jacques Rousseau,* par André Bizet-Lindet. Ces deux œuvres remplacent, depuis 1952, celles qui avaient été fondues par les Allemands pendant l'occupation.

ÉGLISE SAINT-ÉTIENNE-DU-MONT
PLACE SAINTE-GENEVIÈVE (F)

Façade, élevée en 1622, restaurée au 19e siècle. Toute la statuaire ainsi que les bas-reliefs ont été refaits entre 1860 et 1865.

De part et d'autre de la porte centrale, dans deux niches: *Saint Etienne,* par Joseph Ramus; *Sainte Geneviève,* par Pierre Hébert.

5 Tympan sculpté en bas-relief: le *Martyre de saint Etienne,* par Jules Thomas et, au fronton qui le surmonte, la *Résurrection,* par Auguste De Bay.

Au premier étage, à gauche de la rosace, l'*Ange Gabriel* et à droite, la *Vierge agenouillée,* par Joseph Félon.

ANCIENNE ÉCOLE POLYTECHNIQUE (F)

Dans les jardins rénovés ont été placées plusieurs œuvres contemporaines: à l'angle des rues Clovis et Descartes, *Trois Personnages* en bronze, par Giuseppe Penone (1985). En arrière-plan, colonne ornée d'entailles et de reliefs, en bronze peint et verni, par Côme Mosta-Heirt (1986). Dans la grande cour, au centre d'un bassin carré, *La Spirale,* œuvre en bronze évoquant un tronc d'arbre aux branches portant des miroirs, par Meret Oppenheim (1986).

SQUARE PAUL-LANGEVIN (G)

Au centre, statue de *François Villon,* en pierre, sculptée par René Collamarini en 1947.

Au pied du grand escalier, devant l'ancienne école polytechnique: fontaine de l'abbaye de Saint-Germain-des-Prés, d'époque Régence, autrefois rue Childebert, remontée à cet emplacement en 1875 au moment du percement du boulevard Saint-Germain. Plus loin, deux statues décapitées du 19e siècle dans des niches de la Renaissance, vestige de l'ancien Hôtel de Ville incendié en 1871, et médaillon et bas-relief en céramique ayant décoré le Palais de l'industrie à l'Exposition de 1889.

ÉGLISE SAINT-NICOLAS-DU-CHARDONNET 30, RUE SAINT-VICTOR (H)

La façade du transept occidental, rue des Bernardins, élevée en 1665, aurait été dessinée par Charles Le Brun (le remarquable tombeau de la mère du peintre se trouve à l'intérieur de l'église).

Sur les rempants du fronton, deux angelots sculptés par Nicolas Legendre, tiennent des piques qui remplacent, depuis la Révolution, la croix du Christ et la crosse de saint Nicolas. Porte en bois sculpté due également à Nicolas Legendre.

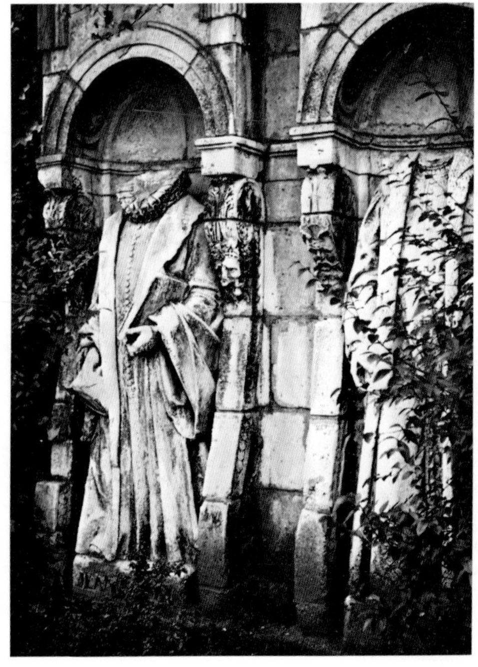

Square Paul-Langevin: vestiges de l'ancien Hôtel de Ville.

PONT DE LA TOURNELLE (I)

Bâti en 1928, ce pont est surmonté d'un haut pylône au sommet duquel se trouve la statue de *Sainte Geneviève*, par Paul Landowski. (La châsse contenant les restes de la sainte avait été déposée à la pointe amont de l'île Saint-Louis pendant l'invasion des Normands en 885.)

JARDIN TINO ROSSI QUAI SAINT-BERNARD (J)

Créé en 1980, le musée de sculptures en plein air de la ville de Paris présente une trentaine d'œuvres contemporaines prêtées ou données par des artistes ou des musées du monde entier. Ces œuvres, pour la plupart, sont, en principe, placées à titre permanents mais des changement peuvent intervenir. On peut voir actuellement (1988), en partant du pont d'Austerlitz vers le pont Sully: *Bird Bath,* marbre par Michael Noble (1969-1971), *La Porte Eclatée,* acier inox réfractaire par Michel Guino (1965), *Chronos* 10, acier inoxydable par Nicolas Schöffer (1977), *Granit,* taille directe par Pazzi (1979), *Black Cement,* ciment noir par Jene Highstein (1978), *Structure architecturale* en acier cor-ten par Marino di Teana (1973), *Demeure N° 1,* bronze par Etienne Martin (1954-1958), *Marseille,* bronze par César (1960), *La Grande Fenêtre,* marbre de Carrare par Augustin Cardenas (1974), *Baveno,* granit par François Stahly (1967-1968), *Grand Signe,* bronze par Marta Colvin (1970), *Esprit, eau et sang,* fer peint par Emile Gilioli (1973), *Hydrorrhage,* bronze par Ipoustéguy (1975), *Homme au bras levé,* bronze par Olivier Brice (1973), *Melmoth,* bronze par Reinhoud (1966), *Mère Cathédrale,* bois exotique par Parvine Curie (1972-1980), *Abellio,* pierre par Aglaé Liberaki (1971-1973), *Sans titre,* acier inoxydable par Albert Feraud (1979), *Torse rouge,* marbre par Claude Cehes (1983), *Ailes brillantes,* acier inoxydable par Iida Yoshikuni (1981), *Fiesole,* bronze par Sorel Etrog (1965-1967), *Signes, personnages,* bronze par Olivier Debré (1962), *Belt II,* aluminium par Kiyomizu (1972), *Groupe de figures,* fer par Sklavos (1960), *Structure pleine E. 12,* béton armé par Patkai (1973), *L'Arbre de vie,* marbre travertin par Céline Chalem (1973), *Neptune II,* travertin par François Stahly (1969, *Naissance des formes,* bronze par Ossip Zadkine (1958), *Cœur de gaucho,* granit gris par Vitullo (1952), *Table de silence,* pierre par Brancusi (1920-1948).

FACULTÉ DES SCIENCES PLACE JUSSIEU (K)

Dans une cour, à gauche, *Le Petit Théâtre,* bronze par Jean Arp (1972). Au fond, *La Forêt pétrifiée,* dit aussi *Le Labyrinthe,* en bois de teck, par François Stahly (1966-1968). A droite, dans une autre cour, sept sculptures en éléments métalliques soudés évoquant des insectes, par Adam Steiner (1986). En bordure de la rue Cuvier, structure en acier inox de Pierre Manoli (1976).

SQUARE DES ARENES DE LUTECE (L)

Monument en pierre à *Gabriel Mortillet* par A. La Penne (1905; les éléments en bronze ont disparus en 1942). Buste en bronze non signé du *Dr Capitan* (1930). Au pied du grand escalier, dans une niche, au dessus d'un bassin, figure en pierre de *Nymphe allongée* (1924).

5

FONTAINE CUVIER
ANGLE RUE CUVIER – RUE LINNÉ (M)

Dédiée au célèbre naturaliste, cette fontaine exécutée de 1840 à 1846, est constituée d'une figure monumentale de l'*Histoire naturelle,* en pierre, par Jean-Jacques Feuchère. La décoration du socle représente divers animaux amphibies sculptés par Pierre Pomateau, non sans une certaine fantaisie. Les naturalistes font en effet remarquer que la manière dont le crocodile tourne la tête est incompatible avec la structure osseuse de cet animal.

Fontaine Cuvier: l'Histoire naturelle, par Feuchère.

JARDIN DES PLANTES (N)

Fondé en 1626, réorganisé au 18ᵉ siècle par Buffon, ce jardin est orné d'un certain nombre de statues de valeur inégale qui datent toutes de la fin du 19ᵉ ou du début du 20ᵉ siècle. Les différents bâtiments du Muséum d'histoire naturelle sont également ornés de sculptures.

● Face à l'entrée de la place Valhubert, sur le grand parterre central, statue de *Lamarck* et bas-relief, par Léon Fagel (1908). A droite, dans l'allée Brongniart qui conduit à la ménagerie: le *Dénicheur d'oursons,* bronze par Emmanuel Frémiet; à gauche, statue en bronze de *Frémiet,* par Henri Greber (1913). Sur le socle, deux bas-reliefs reproduisent des œuvres du sculpteur, dont le *Chasseur d'ours* qui orne la galerie d'anatomie du côté de la rue Buffon.

● Galerie d'anatomie, construite en 1896. L'entrée est surmontée d'un *Vautour* sculpté par Georges Gardet. Au sommet, le fronton symbolise l'*Histoire naturelle recevant les présents des grands règnes de la nature,* haut-relief par André Allar. Dans le hall d'entrée: *Orang-outang attaquant un homme,* groupe monumental, en marbre, par Emmanuel Frémiet.

Les façades latérales de la galerie sont décorées de huit petits bas-reliefs en marbre représentant des scènes de la vie des animaux et de quatre grands hauts-reliefs en bronze; côté rue Buffon: le *Chasseur d'ours,* par Emmanuel Frémiet, et l'*Attaque des aigles,* œuvre mouvementée de Jules Coutan; côté jardins, le *Dressage des chevaux,* par Laurent Marqueste, et *Crocodile attaquant des Nubiens,* audacieuse composition de Louis Barrias.

● Au pied de cette façade: le *Premier artiste,* bronze par Paul Richer, 1890.

● Plus loin à gauche, galerie de botanique et de minéralogie bâtie à partir de 1833. Les deux portiques sont surmontés de frontons qui symbolisent, le premier, la *Botanique,* le second, la *Minéralogie,*

Jardin des Plantes: Paul et Virginie, par Holweck.

sculptés par Joseph Lescorné en 1836.

● Au pied de ce bâtiment: *Venus genitrix,* en marbre, sculpté à Rome en 1810 par Louis Dupaty, et l'*Amour captif,* en marbre, par Félix Sanzel (1868).

● Au fond du jardin, monumentale galerie de zoologie, élevée en 1877. Au centre de la façade, figure assise de l'*Histoire naturelle,* en pierre, par Eugène Guillaume.

● Devant ce bâtiment, à l'extrémité du grand parterre central, statue en bronze de *Buffon,* par Jean Carlus (1908).

● A droite de la galerie de zoologie, au pied du labyrinthe, *Monument à Bernardin-de-Saint-Pierre,* qui fut intendant du jardin, œuvre d'esprit très romantique, en bronze, par Louis Holweck (1907); piédestal orné des figures de *Paul et Virginie.* Plus loin, statue en pierre de *Chevreul,* par Léon Fagel, et *Amazone,* bronze par Pierre Vigoureux. Au dessus de la porte de l'amphithéâtre, l'*Histoire naturelle,* haut-relief en marbre de la fin du 18e siècle.

● Au bord du bassin de l'éléphant de mer, à l'entrée de la ménagerie: *Nymphe et Dauphin,* en bronze, par Joseph Félon (1863).

● Près de la porte s'ouvrant sur la rue Cuvier: fontaine constituée d'une niche que surmontent deux lions en bronze, par Alfred Jacquemart (1857).

MÉNAGERIE DU JARDIN DES PLANTES (N)

Cet établissement a été créé fortuitement en 1793 grâce à un décret qui ordonnait de placer en fourrière par mesure d'hygiène, tous les animaux exhibés jusqu'alors sur les foires. Le bâtiment de la Fauverie, construit en 1937, est orné de cinq bas-reliefs en pierre par Georges Hilbert et de six autres bas-reliefs (sous les porches) signés Anna Quinquaud. Il est précédé d'une fontaine que domine un *Lion tuant une chèvre,* en bronze, par Paul Jouve.

On rencontre également, dans les allées de la ménagerie, l'*Homme de l'âge de pierre,* bronze par Emmanuel Frémiet et, devant la ménagerie des reptiles, le *Charmeur de serpent* (1864) et le *Chasseur de crocodiles* (1883), deux bronzes dus au baron Charles-Arthur Bourgeois. Entre les fosses aux ours, autre bronze, *Ours brun,* par Georges Guyot.

SQUARE SCIPION (O)

Les Boulangers, curieuse composition en grès émaillé, sculptée en bas-relief par Alexandre Charpentier et exécutée en 1897 par le céramiste Emile Muller. Charpentier, qui a pris une part active dans le renouveau des arts décoratifs, a réalisé ici une œuvre réaliste et populaire. Les boulangers de Paris ignorent sans doute l'existence de ce monument élevé en leur honneur.

PLACE LUCIEN-HERR (P)

Le *Cavalier,* sculpture en pierre par Camilo Otero, offerte par son auteur en 1980. Contre le mur, fontaine constituée de quinze éléments simulant des draperies, en bronze, réalisée par une élève de l'Ecole des Beaux-Arts, Bernadette Gourrier (1981).

CHAPELLE DU SÉMINAIRE DU SAINT-ESPRIT 30, RUE LHOMOND (Q)

Construction de la fin du 18e siècle, achevée par Chalgrin. La façade est surmontée d'un bas-relief, la *Prédication de l'Evangile aux Africains,* sculpté par François-Joseph Duret en 1776.

HÔPITAL DU VAL-DE-GRÂCE 74 BOULEVARD DU PORT-ROYAL (R)

A gauche de l'entrée, tumultueux et puissant groupe de plusieurs personnages enchevêtrés, en bronze, par René Leleu.

ÉGLISE DU VAL-DE-GRÂCE 277, RUE SAINT-JACQUES (S)

L'un des chefs-d'œuvre de l'architecture parisienne du 17e siècle, élevé sur les plans de François Mansart à partir de 1645.

● Dans la cour d'honneur, à gauche, statue du *Baron Larrey* (1766-1842), chirurgien militaire, par David d'Angers (1846); sur le piédestal, des bas-reliefs en bronze, également de David d'Angers, commémorent les batailles auxquelles Larrey prit part: la *Bérésina,* les *Pyramides, Somosierra, Austerlitz.*

● La façade de l'église est percée de deux niches dont les statues, exécutées en 1866, remplacent les originaux détruits de François Anguier: à gauche, *Sainte Scholastique;* à droite, *Saint Benoît,* par François Devaulx.

Sur le fronton supérieur, les *Deux anges couchés,* par François Anguier, ont été préservés mais l'horloge remplace les armes de l'abbaye détruites à la Révolution.

● Le dôme est épaulé par seize pilastres que surmontent autant de vigoureux génies porteurs de pots à feu, sculptés au 17e siècle par Philippe de Buyster.

PLACE LOUIS-MARIN (T)

Monument à Pelletier et Caventou. Sobre et élégante figure en pierre de femme couchée, symbolisant la *Santé retrouvée,* sculptée par Pierre Poisson en 1951. Sur le socle: médaillons en bronze des deux savants qui inventèrent la quinine en 1820.

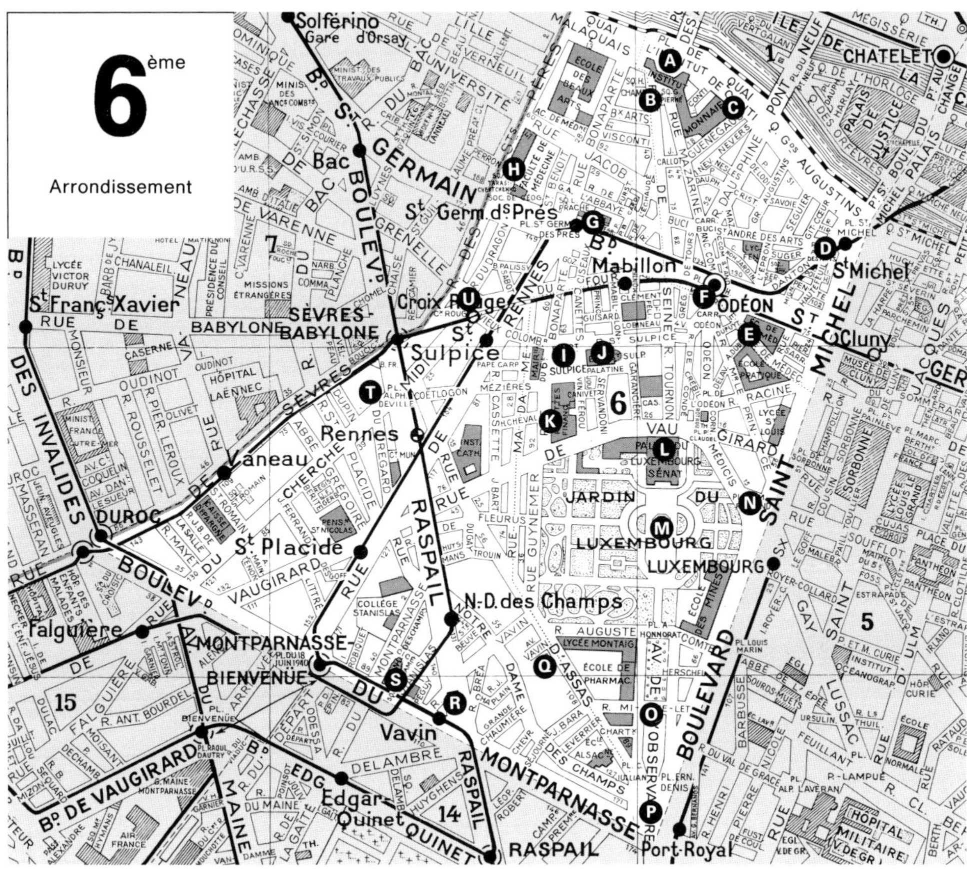
6ème
Arrondissement
Solférino
Gare d'Orsay
Bac
Bd St GERMAIN
BOULEVd
St Germ.dsPrés
Mabillon
ODÉON
St Michel
Cluny
CHATELET
PALAIS DE JUSTICE
QUAI MALAQUAIS
INSTITUT
MONNAIE
ÉCOLE DES BEAUX ARTS
R. BONAPARTE
R. JACOB
R. DAUPHINE
Q. Gds AUGUSTINS
St Franços Xavier
RUE DE BABYLONE
SÈVRES-BABYLONE
Croix Rouge
St Sulpice
Vaneau
DUROC
St Placide
Rennes
RASPAIL
RUE DE RENNES
N.D. des Champs
MONTPARNASSE-BIENVENÜE
Falguière
Vavin
Edgar-Quinet
RASPAIL
Port-Royal
LUXEMBOURG
JARDIN DU LUXEMBOURG
SÉNAT
BOULEVARD SAINT MICHEL
BOULEVd DU MONTPARNASSE
Bd DE VAUGIRARD
BOULEVd DES INVALIDES
RUE DE VAUGIRARD
COLLÈGE STANISLAS
LYCÉE MONTAIGNE
ÉCOLE DE PHARMAC.
ÉCOLE DES MINES
SORBONNE
PANTHÉON
MUSÉE DE CLUNY
HÔPITAL LAËNNEC
LYCÉE VICTOR DURUY
MISSIONS ÉTRANGÈRES
1
5
6
7
14
15
A
B
C
D
E
F
G
H
I
J
K
L
M
N
O
P
Q
R
S
T
U

6

PALAIS DE L'INSTITUT
23, QUAI CONTI (A)

Inspiré du baroque italien, cet élégant édifice, appelé à l'origine Collège des Quatre-Nations, a été construit par Louis Le Vau puis par son gendre François d'Orbey, de 1661 à 1674. La chapelle abrite le célèbre tombeau de Mazarin, fondateur du collège, œuvre de Coysevox, Le Hongre et Tuby, restitué par le Musée du Louvre en 1963.

● La façade de la chapelle, au centre, était couronnée de groupes sculptés qui accentuaient son caractère baroque. Il n'en subsiste que les socles. Le fronton est orné des figures de la *Vigilance,* à gauche, et de la *Science,* par Etienne Le Hongre. Au-dessus de la porte, et toujours de Le Hongre, des génies couronnent une tête de Minerve. Cette dernière, sculptée par Houdon vers 1805, a remplacé les armes de Mazarin détruites à la Révolution.

● Dans la première cour (entrée sous l'aile gauche), deux frontons sculptés vers 1678 par Martin Desjardins et Nicolas Legendre, se font vis-à-vis. Ils représentent, à gauche, la *Vérité et la Foi,* à droite, la *Justice et la Force.* Sous le péristyle qui donne accès à l'Institut, on aperçoit le tombeau de Mazarin.

SQUARE HONORÉ-CHAMPION (B)

Statue de *Voltaire,* en pierre, sculptée par Léon Drivier (1959).

SQUARE GABRIEL-PIERNÉ (B)

Ancienne fontaine du marché des Carmes. Il s'agit d'une sorte de gaine à double face, en pierre, sculptée en 1830 pour le marché de la place Maubert, par Evariste Fragonard, fils du célèbre peintre. L'une des faces représente l'*Abondance,* l'autre, le *Commerce.* Un élégant petit bronze, *Carolina,* par Marcello Tommasi, a été placé dans ce square en 1972.

HOTEL DES MONNAIES
11, QUAI CONTI (C)

Cet édifice remarquable de sobriété a été élevé de 1771 à 1777 par l'architecte Antoine.

● L'attique est orné de six figures allégoriques sculptées vers 1775 et restaurées en 1884. De gauche à droite: l'*Abondance,* par Louis Mouchy, la *Paix,* le *Commerce,* la *Force,* la *Justice,* par Félix Lecomte, la *Prudence,* par Jean-Pierre Pigalle.

Le tympan ajouré de la porte représente le *Commerce et l'agriculture sous les traits de Mercure et Cérès avec les armes royales,* exécutés en bronze par Nicolas Duprez sur les dessins d'Antoine.

● Rue Guénégaud, le pavillon central est décoré des statues des quatre éléments; de gauche à droite: la *Terre,* par Nicolas Duprez, l'*Eau* et l'*Air,* par Jean-Jacques Caffiéri, le *Feu,* par Nicolas Duprez.

---

1 et 3, QUAI DE CONTI (C)

Le fronton de cet immeuble bâti en 1936 est orné d'un grand bas-relief en pierre, la *Seine,* sculpté par Charles Sarrabezoles.

FONTAINE SAINT-MICHEL
PLACE SAINT-MICHEL (D)

Dessinée par l'architecte Davioud, cette imposante construction de 26 mètres de haut, typiquement Napoléon III, a été inaugurée en 1860. Elle a coûté 500000 F de l'époque. Elle remplace une fontaine primitive qui datait de 1687.

Fontaine Saint-Michel: un dragon, par Jacquemart.

La niche centrale abrite un groupe monumental en bronze, *Saint Michel terrassant le démon* (H 5 m 50), par Francisque Duret.

Les colonnes en marbre rouge du Languedoc supportent quatre statues des vertus cardinales. De gauche à droite: la *Prudence,* par Jean Barre, la *Force,* par Eugène Guillaume, la *Justice,* par Louis Robert, la *Tempérance,* par Charles Gumery.

Au-dessus de la niche: *Enfants et rinceaux,* sculptés en bas-relief par une élève de Pradier, Noémie Constant.

Au fronton, armoiries flanquées de figures couchées de la *Puissance* et de la *Modération,* par Auguste De Bay.

Le bassin est flanqué de deux dragons en bronze, par Alfred Jacquemart.

ÉCOLE DE MÉDECINE
12, RUE DE L'ÉCOLE-DE-MÉDECINE (E)

Le bâtiment sur la rue de l'Ecole-de-Médecine a été bâti en 1774 par Jacques Gondouin, pour servir à l'Académie de chirurgie.

- Au-dessus du portique d'entrée, bas-relief rectangulaire typiquement néo-antique, la *Bienfaisance accordant des privilèges à l'Académie de chirurgie,* par Pierre Berruer (la figure de la Bienfaisance a remplacé celle de Louis XV en 1794).
- Au fond de la cour, dans le fronton triangulaire: la *Théorie et la Pratique,* également par Berruer.
- Dans la cour: statue en bronze de *Xavier Bichat,* par David d'Angers, inaugurée en 1857.
- La façade sur le boulevard Saint-Germain, élevée de 1878 à 1900, est ornée de deux cariatides, la *Médecine* et la *Chirurgie,* par Gustave Crauk (1883).

RUE ANTOINE-DUBOIS (E)

Statue en pierre du médecin et physiologiste *Alfred Vulpian,* par Paul Richer (1928).

PLACE HENRI-MONDOR
CARREFOUR DE L'ODÉON (F)

Monument à Danton, groupe tumultueux, en bronze, par Auguste Paris, érigé en 1891 à l'emplacement de la maison qu'habitait l'illustre tribun.

Square Félix-Desruelle: portique en grès émaillé par Jules Coutan.

SQUARE FÉLIX-DESRUELLE (G)

Portique monumental en grès émaillé, exécuté à Sèvres pour orner le mur extérieur du pavillon de la manufacture à l'exposition de 1900. L'architecte Risler a dessiné cette curieuse composition dont le décor, particulièrement caractéristique de l'époque, est dû au sculpteur Jules Coutan.

Au centre du square, statue en bronze de *Bernard Palissy,* par Louis Barrias (1883) et, dans l'autre partie, *Fontaine pastorale,* en pierre, sculptée par Félix Desruelle en 1923.

145, BOULEVARD SAINT-GERMAIN (G)

Statue de *Diderot,* en bronze, par Jean Gautherin (1886).

PLACE DU QUEBEC (G)

Fontaine faite de dalles soulevées, intitulée *Embacle,* œuvre du sculpteur canadien Charles Daudelin, offerte par le gouvernement québequois en 1984.

SQUARE LAURENT-PRACHE (G)

Tête de femme, en bronze, par Pablo Picasso, offerte par l'artiste à la ville de Paris en 1959, en souvenir de son ami Guillaume Apollinaire.

NOUVELLE FACULTÉ DE MÉDECINE 45, RUE DES SAINTS-PÈRES (H)

Cette énorme construction, implantée dans ce quartier de façon très inopportune en 1937, est ornée de trente-deux médaillons en pierre décrivant l'*Histoire de la médecine* par Muller, Joffre, Sarrabezoles, Lagriffoul, etc.

Portes monumentales en bronze, animées d'une multitude de personnages, dues à Paul Landowski.

SQUARE TARAS-CHEVTCHENKO (H)

Buste en bronze du poète ukrainien *Taras Chevtchenko* par Lissenko (1978) et stelle en pierre avec buste en haut-relief de *Laënnec,* par René Quillivic (1942).

FONTAINE DES ORATEURS SACRÉS PLACE SAINT-SULPICE (I)

Bâtie en 1847 par l'architecte Visconti, cette œuvre monumentale est ornée de quatre statues un peu guindées, d'évêques et d'orateurs français: *Bossuet,* par Jean-Jacques Feuchère, *Fénelon,* par François Lanno, *Massillon,* par Jacques Fauginet, *Fléchier,* par Louis Desprez. Autour du piédestal, les quatre lions rugissant qui tiennent les écussons de la ville de Paris, ont été sculptés par François Derré.

Fontaine Saint-Sulpice: un lion, par Derré.

ÉGLISE SAINT-SULPICE PLACE SAINT-SULPICE (J)

L'imposante façade de cette église, commencée sous le règne de Louis XIV, n'a été bâtie qu'au milieu du 18e siècle, par l'architecte Servandoni.

- Au sommet de la tour nord (à gauche): quatre statues des *Evangélistes,* par Simon Boizot et Louis Mouchy (vers 1780).
- Sous le porche, au-dessus des portes, sept bas-reliefs de 2 m 35 × 3 m40. En commençant par le mur latéral de gauche: la *Justice,* la *Charité,* la *Force,* la *Foi,* la *Tempérance,* l'*Espérance,* la *Prudence.* Ces œuvres harmonieuses, parfaitement composées, ont été exécutées en 1750 par les frères Paul et René Slodtz.

Les bustes des quatre évangélistes, inscrits dans des médaillons, sont dus aux mêmes sculpteurs.

De part et d'autre de la porte centrale, deux grandes statues en pierre de *Saint Pierre,* à gauche, et de *Saint Paul,* par Emile Thomas (1858).

- Les façades du transept, d'époque Louis XV, sont ornées des statues de *Saint Pierre* et de *Saint Paul* (au nord, rue Saint-Sulpice) et de *Saint Joseph* et de *Saint Jean-Baptiste* (au sud, rue Palatine), toutes sculptées par François Dumont en 1725.

ANCIENNE FONTAINE DE LA PLACE SAINT-SULPICE RUE BONAPARTE (K)

Ce petit monument faisait partie d'une série de quinze fontaines, toutes différentes, commandée par l'Empereur en 1806. Erigée place Saint-Sulpice en 1810, mais jugée trop petite, elle fut transportée au marché Saint-Germain en 1824, puis à son emplacement actuel en 1835. Elle est ornée de quatre bas-reliefs d'esprit très «antiquisant»: la *Paix,* l'*Agriculture,* le *Commerce,* les *Arts,* par Jean Espercieux.

PALAIS DU LUXEMBOURG 15, RUE DE VAUGIRARD (L)

Elevé par Salomon de Brosse pour Marie de Médicis à partir de 1615, ce palais constitue une sorte de synthèse du goût italien et de l'esprit français de l'époque. Il a été modifié par Chalgrin en 1800 pour recevoir le Sénat que venait d'instituer le Consulat. De 1836 à 1841, l'architecte Alphonse de Gisors l'a de nouveau profondément remanié et agrandi.

● Façade sur la rue de Vaugirard. Le pavillon d'entrée est coiffé d'un dôme qu'entourent huit figures allégoriques en pierre, refaites vers 1930 d'après celles du 17e siècle.

● Sur les deux pavillons latéraux, deux bas-reliefs: la *Vigilance,* à gauche, et la *Paix* à droite, sculptées par Pierre Cartellier en 1800, ornaient le pavillon de l'Horloge de la façade sur jardins jusqu'aux remaniements entrepris par Alphonse de Gisors.

● Façade principale, au fond de la cour. Attique orné de quatre figures allégoriques en pierre, refaites au début du 20e siècle d'après les originaux sculptés au 17e par Guillaume Berthelot.

Le fronton, remanié au milieu du 19e siècle au moment des travaux de Gisors, présente en son centre une *Victoire,* sculptée à cette époque par Francisque Duret à la place des armes de France.

● Façade sur jardin, construite de 1836 à 1841, par Alphonse de Gisors trente mètres en avant de celle de Salomon de Brosse et à peu près identique.

Le pavillon de l'Horloge est décoré de deux figures en bas-relief, l'*Aurore* et la *Nuit,* encadrant le cadran de l'horloge, et de six statues allégoriques. Toutes ces sculptures ont été exécutées par James Pradier, mais les quatre statues de la partie centrale ont été refaites à la fin du 19e siècle par Gustave Crauk d'après les originaux.

ANCIEN MUSÉE DU LUXEMBOURG 17, RUE DE VAUGIRARD (L)

Au fronton, la *Renommée distribuant des couronnes à la peinture et à la sculpture,* sculptée par Gustave Crauk en 1888.

JARDINS DU LUXEMBOURG (M)

Dessinés au début du 17e siècle, agrandis à la fin du 18e, aménagés par Chalgrin vers 1800, ces jardins ont subi de nouvelles transformations vers 1860 au moment du percement du boulevard Saint-Michel. La plupart des statues (en marbre sauf indication contraire) qui les décorent datent de cette époque. A côté d'œuvres de bonne qualité, certaines d'entre elles, comme les bustes de Verlaine et de Vicaire, frisent le ridicule et justifient l'expression de «champ de navets» employée par Bernard Champigneules. A noter que les statues du Luxembourg sont, dans l'ensemble, bien entretenues.

● Parterres sud, le long de la rue Auguste-Comte. *Lion de Nubie et sa proie* (1, voir le plan), œuvre majestueuse en bronze exécutée en 1870 par Auguste Cain. *Harde de cerfs écoutant le rapproché* (2), bronze par Arthur Leduc (1886). *Le Play* (3), par A. Allar (1906). Pierre Mendès-France (4), statue en bronze par Pierre Peignot (1984). *Ferdinand Fabre* (5), par Laurent Marqueste. *Baudelaire* (6), par Fix-Masseau. *La comtesse de Ségur* (7), par Jean Boucher (1910). *Ratisbonne* (8), par Emile Soldi. *Watteau* (9), buste en étain et figure de la *Jeunesse* en marbre, exécutés dans

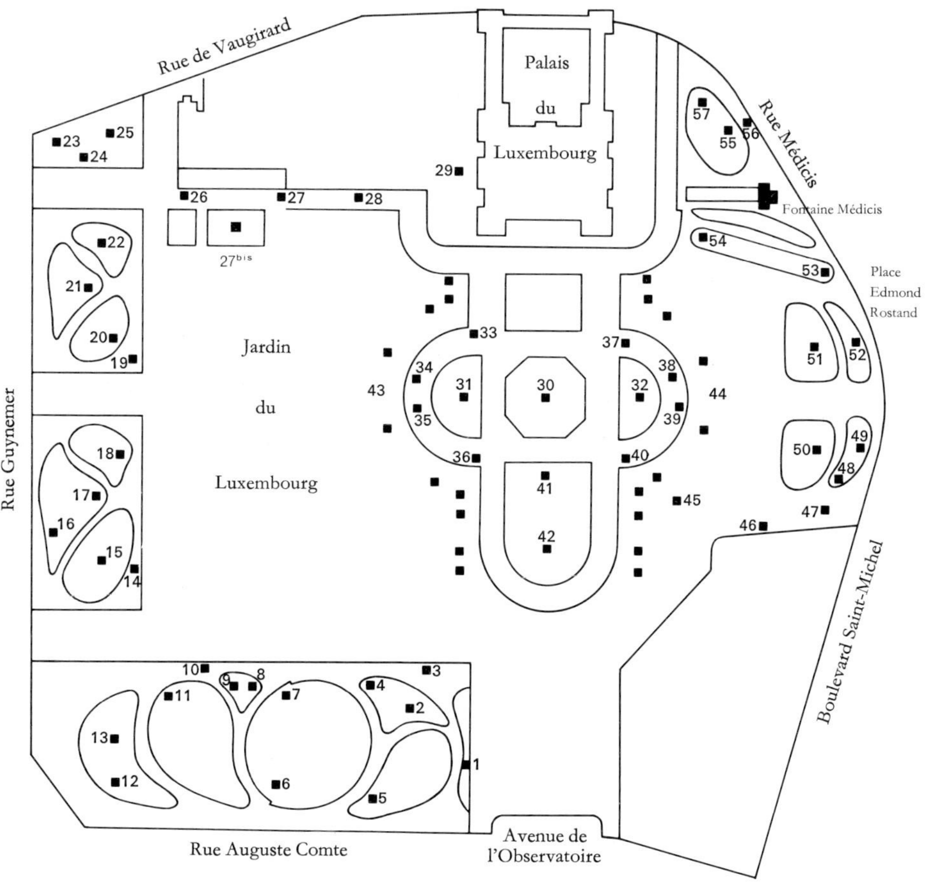

le goût des scènes galantes du 18e siècle, par Henri Gauquié (1896). *Eustache Le Sueur* (10), par Honoré Husson (1858). *José-Maria de Heredia* (11), par Victor Ségoffin. *Sainte-Beuve* (12), par Denys Puech (1898). *Joie de la famille* (13), par Horace Daillion (1889).

● Parterres ouest, en bordure de la rue Guynemer.

Jardin du Luxembourg: monument à Watteau par Gauquié; Silène par Dalou; monument à Delacroix (détail) par Dalou.

Frédéric Chopin (14) par Georges Dubois (1900; le buste en bronze a disparu). *Archimadas se préparant à lancer le disque* (15), par Philippe Lemaire. *Georges Massenet* (16), avec une statue de Manon, par Raoul Verlet et Paul Gasq. La *Liberté* (17), réduction en bronze de la statue monumentale élevée par Auguste Bartholdi à New York en 1886. *Edouard Branly* (18), par Charles Sarrabezoles (1962), *Gabriel Vicaire* (19), par Antoine Injalbert. *Paul Verlaine* (20), par Rodo de Niederhausen. *Le Triomphe de Silène* (21), groupe en bronze, truculent comme un Rubens, par Jules Dalou. *Vestale* (22), œuvre anonyme d'après l'antique.

● Parterres situés à l'angle des rues Guynemer et de Vaugirard. Tête de *Beethoven* (23), bronze par Antoine Bourdelle. La *Source et le ruisseau* (24) par Emile Chatrousse (1869). L'*Effort* (25), œuvre puissante et expressive, en plomb sur un rocher en grès, par Pierre Roche (vers 1900).

● Façade latérale de l'Orangerie. *Phidias ou la sculpture* (26), par Aimé Millet (1889). La *Peinture* (27), gracieuse et sobre figure par Jules Franceschi (1888). En face, dans le jardin d'enfants, *La Messagère* (27bis), statue en pierre par Antonin Forestier.

● En bordure des jardins privés du Sénat: *Monument à Eugène Delacroix* (28), en bronze, par Jules Dalou, inauguré en 1890. Au pied du buste du célèbre peintre, le *Temps, la Gloire et le génie des arts,* semblent emportés par un mouvement ascensionnel d'une réelle envolée.

● Sur les parterres situés à gauche du palais: le *Vendangeur* (29), en bronze, par Jean Dumilâtre (1888). Contre la façade, *Jeune Fille au bain,* par Marc-Léon Bertaux (1873). En face, deux personnages assis en marbre, *Montesquieu,* par Charles Lebœuf-Nanteuil et le jurisconsulte *Etienne Pasquier,* par Denis Foyatier.

● Au centre du bassin octogonal: *Groupe d'enfants* (30), datant des aménagements effectués par Chalgrin vers 1800.

● A droite et à gauche du bassin, sur les deux parterres en hémicycle, au sommet de hautes colonnes, deux statues en marbre du 16ᵉ siècle, d'après l'antique: une *Nymphe* (31) et *David vainqueur de Goliath* (32). Tout autour, des copies d'antiques: *Minerve à la chouette* (33), *Junon* (34), *Vénus au dauphin* (35), *Flore* (36), œuvres anonymes. *Marius sur les ruines de Carthage* (37), par Victor Vilain (1861). *Calliope* (38), par Ferdinando Pelliccia (1848), *Vulcain* (39), par Charles Bridan (1777). *Flore* (40), anonyme.

● Sur le grand parterre central: monument à *Scheurer-Kestner* (41), le défenseur du capitaine Dreyfus, d'après les dessins de Jules Dalou. Figures en pierre de la *Vérité* et de la *Justice*. A l'autre extrémité, *Diane à la biche* (42), marbre anonyme d'après l'antique.

● Sur les terrasses qui entourent ces différents parterres se dressent vingt statues, dans l'ensemble de qualité assez médiocre, de reines et de femmes illustres (43 et 44), exécutées entre 1846 et 1850. Parmi leurs auteurs: Auguste Ottin, Augustin Dumont, Jean-Baptiste Klagmann, Jean-Jacques Feuchère, etc.

● A gauche, sous les quinconces plantés d'arbres: curieux *Marchand de masques* (45), en bronze, par Zacharie Astruc (1883); le socle est entouré, en le contournant par la droite, des masques de *Corot* (au centre), *Alexandre Dumas, Berlioz, Carpeaux, J.-B. Faure, Delacroix, Balzac, Barbey d'Aurevilly.*

Plus loin, vers le boulevard Saint-Michel: monument à *Gustave Flaubert* (46), par J.-B. Clésinger, puis *Velleda* (47), par Hippolyte Maindron (1839) inspiré des *Martyrs* de Chateaubriand et considéré comme une des œuvres marquantes de la sculpture romantique.

● Parterres est, le long du boulevard Saint-Michel et de la rue de Médicis: *Stendhal* (48), avec un médaillon en bronze par Rodin d'après David d'Angers. La *Bocca della Verità* (49), groupe par Jules Blanchard (1871). *George Sand* (50) très «belle époque», par François Sicard (1905). *Lecomte de l'Isle* (51), avec une renommée aux ailes gigantesques, par Denys Puech (1898). *Dispetto* (52), par Jean Valette (1872). *Faune dansant* (53), bronze par Eugène Lequesne, exécuté à Rome en 1851. L'*Acteur grec* (54), bronze par Charles Bourgeois (1868).

● Fontaine Médicis. Voir ci-après.

● Parterre nord-est, le long de la rue de Médicis, monument aux *Etudiants Résistants* (55), groupe très expressif, en bronze, par Watkin (1956). *Théodore de Banville* (56), par Jules Roulleau (1892). *Murger* (57), par Théophile Bouillon (1895).

FONTAINE MÉDICIS
JARDINS DU LUXEMBOURG (M)

A l'origine, simple nymphée élevée probablement par Salomon de Brosse pour Marie de Médicis en 1620, déplacée et transformée en fontaine en 1864 par l'architecte Alphonse de Gisors au moment du percement de la rue de Médicis. Ce portique aux lignes puissantes, caractéristique de l'architecture italianisante du temps de Louis XIII, se dresse à l'extrémité d'un long bassin bordé de vases dans un décor d'ombrages des plus romantique.

● Dans la niche centrale, entre les colonnes toscanes ornées de concrétions, un énorme *Polyphème* en bronze (qui a remplacé une Vénus sortant du bain) se penche au-dessus d'un rocher. Le géant semble surprendre la *Nymphe Galatée dans les bras du berger*

Fontaine Médicis: groupes par Ottin.

Acis, sculpté dans le marbre. Le premier est un peu trop grand, les deux autres, un peu trop blancs, mais l'ensemble ne manque pas de vigueur. Les niches latérales abritent, à gauche, un *Jeune faune,* à droite, une *Diane chasseresse.* Toutes ces œuvres ont été exécutées par Auguste Ottin, en 1866.

Le fronton est épaulé par deux figures allégoriques de même époque: à gauche, une naïade, par Claude Ramey, à droite, un fleuve par Francisque Duret.

● Au revers de cette fontaine, l'architecte Gisors a remonté l'ancienne fontaine dite du Regard, qui se trouvait primitivement au carrefour Saint-Placide à l'emplacement de l'actuelle rue de Rennes. Elle se compose d'un bas-relief en marbre, plein de charme et d'élégance, *Léda et le cygne,* sculpté dans le goût de la Renaissance, par Achille Valois, en 1807.

Les deux naïades couchées sur les rempants du fronton ont été sculptées en 1864 par Jean-Baptiste Klagmann.

PLACE EDMOND-ROSTAND (N)

Au centre du bassin, groupe en bronze, fort élégant, composé d'une nymphe et d'un triton, exécuté par Gustave Crauk en 1884.

JARDINS DE L'AVENUE DE L'OBSERVATOIRE (O)

● Au milieu des parterres, aménagés à l'emplacement de l'ancienne pépinière du Luxembourg, sont disposés quatre groupes en marbre blanc, sculptés en 1867. En partant du Luxembourg vers l'Observatoire: la *Nuit,* par Charles Gumery, le *Crépuscule,* par Gustave Crauk, le *Jour,* par Jean Perraud, l'*Aurore,* par François Jouffroy.

● Fontaine des Quatre parties du monde. Voir ci-dessous.

FONTAINE DES QUATRE PARTIES DU MONDE AVENUE DE L'OBSERVATOIRE (O)

Bien qu'il s'agisse d'une œuvre collective, cette fontaine constitue un ensemble remarquable et très homogène, l'un des plus élégants décors des rues de

Paris. Exécutée en bronze sur les plans et sous la direction de l'architecte Gabriel Davioud, elle a été achevée en 1875. Coût total de l'opération: 200 000 F de l'époque (voir photo couleur page 13).

● Les quatre gracieuses figures allégoriques, l'*Europe*, l'*Asie*, l'*Afrique* et l'*Amérique*, qui semblent faire tourner l'univers en une ronde sans fin, comptent parmi les œuvres maîtresses de Jean-Baptiste Carpeaux, au point que la fontaine tout entière lui est souvent attribuée. Le caractère parfaitement typé de chacune de ces figures ne nuit en rien à l'harmonieux mouvement qui anime cette composition, la dernière exécutée par le célèbre sculpteur.

● Le *Globe orné des signes du zodiaque* a été sculpté par un élève de Carpeaux, Eugène Legrain.

● Les huit chevaux fringants qui entourent le piédestal complètent parfaitement le motif central de Carpeaux. Avec les dauphins et les tortues qui surgissent du bassin, ils sont dus à Emmanuel Frémiet. Les guirlandes du piédestal ont été exécutées par Louis Villeminot.

A noter que Carpeaux a touché, pour ces quatre figures, la somme de 25 000 F, Frémiet pour ses chevaux, 24 000 F. Quant à la fonte de l'ensemble, réalisée par Matifat, elle s'est élevée, à elle seule, à la somme de 60 000 F.

Carrefour de l'Observatoire: le Maréchal Ney, par Rude.

CARREFOUR DE L'OBSERVATOIRE (P)

● *Statue du maréchal Ney*, une des œuvres capitales de François Rude, très admirée de Rodin. Inaugurée avec solennité en 1853, elle s'élève presque à l'endroit où le compagnon de Napoléon a été fusillé le 7 décembre 1815. Une première esquisse, proposée par le sculpteur, représentait le maréchal offrant sa poitrine au peloton d'exécution. Elle fut refusée par Napoléon III qui, pour perpétuer le souvenir du glorieux soldat, préféra l'attitude altière qu'on lui voit aujourd'hui.

● Au centre du carrefour se dresse, assez emphatique, le monument en bronze de l'explorateur *Francis Garnier* (†1873), par Denys Puech (1898).

● A l'angle de l'avenue de l'Observatoire et de la rue d'Assas, *Monument au Dr Tarnier*, haut-relief en pierre sculpté par Denys Puech (1905).

6 FACULTE DE DROIT
96, RUE D'ASSAS (Q)

Devant la façade, grand bronze par Henri-Georges Adam (1975).

BOULEVARD RASPAIL (R)

Célèbre statue en bronze de *Balzac* par Auguste Rodin, inaugurée le 1er juillet 1939, vingt-deux ans après la mort du sculpteur et plus de quarante ans après qu'il en eut exécuté le modèle en plâtre. Cette œuvre remarquable peut encore déconcerter par sa robustesse et son puissant réalisme. A la fin du 19e siècle, elle souleva une tempête.

L'affaire commence en 1885 avec la décision de la Société des gens de lettres de faire élever une statue à Balzac. Plusieurs sculpteurs se présentent mais en 1891, à l'instigation d'Emile Zola, la commande est passée à Rodin. Celui-ci, qui n'a pas connu Balzac, entreprend de longues recherches pour tenter d'approcher l'homme, sa physionomie, son caractère. Il va même consulter l'ancien tailleur de l'écrivain. Il multiplie les ébauches mais son travail n'avance pas. Lorsque le modèle en plâtre est enfin exposé au salon de 1898, à la Galerie des machines, la presse se déchaîne. Rodin n'a pu se résoudre à vêtir son personnage d'une vulgaire redingote. Il l'a enveloppé d'une ample robe de chambre. «J'ai voulu montrer le grand travailleur hanté, la nuit, par une idée et se levant pour aller la fixer sur sa table de travail.» La critique est très partagée. «Fumisterie sans nom», «erreur d'un homme de génie», «sac à charbon», lit-on dans les journaux de l'époque. «M. Rodin est un brave et vaillant sculpteur qui fait de la bonne sculpture à son heure, écrit l'*Illustration*. Cependant, on a le droit d'être surpris, en voyant sa statue, que l'artiste ait employé près de trois années à chercher l'adresse du tailleur de Balzac. L'auteur de la Comédie humaine habitait donc dans un sac?»

Rodin conserve finalement sa statue que la Société des gens de lettres a refusée. Un nouveau Balzac (érigé depuis avenue Friedland) est commandé à Falguière qui, peu de temps avant sa mort, dira: «C'est Rodin qui avait raison.» C'est en 1939 seulement que la Société des gens de lettres confirmera l'opinion de Falguière, faisant couler en bronze le Balzac en plâtre qui était resté dans l'atelier de Rodin à Meudon.

PLACE OZANAM (S)

Contre le mur de l'église Notre-Dame-des-Champs, médaillon en bronze de *Frédéric Ozanam* (1933).

CARREFOUR RASPAIL-CHERCHE-MIDI (T)

Grande sculpture décorative en granit par Shamaï Haber (1973).

CARREFOUR DE LA CROIX-ROUGE (U)

Le Centaure, hommage à Pablo Picasso, bronze monumental réalisé par César en 1985.

Le célèbre Balzac, commandé en 1891 à Auguste Rodin, n'a été érigé à l'angle du boulevard Raspail et du boulevard du Montparnasse qu'en 1939. Refusé et vilipendé à l'origine, cette œuvre majeure mériterait aujourd'hui un emplacement moins discret.

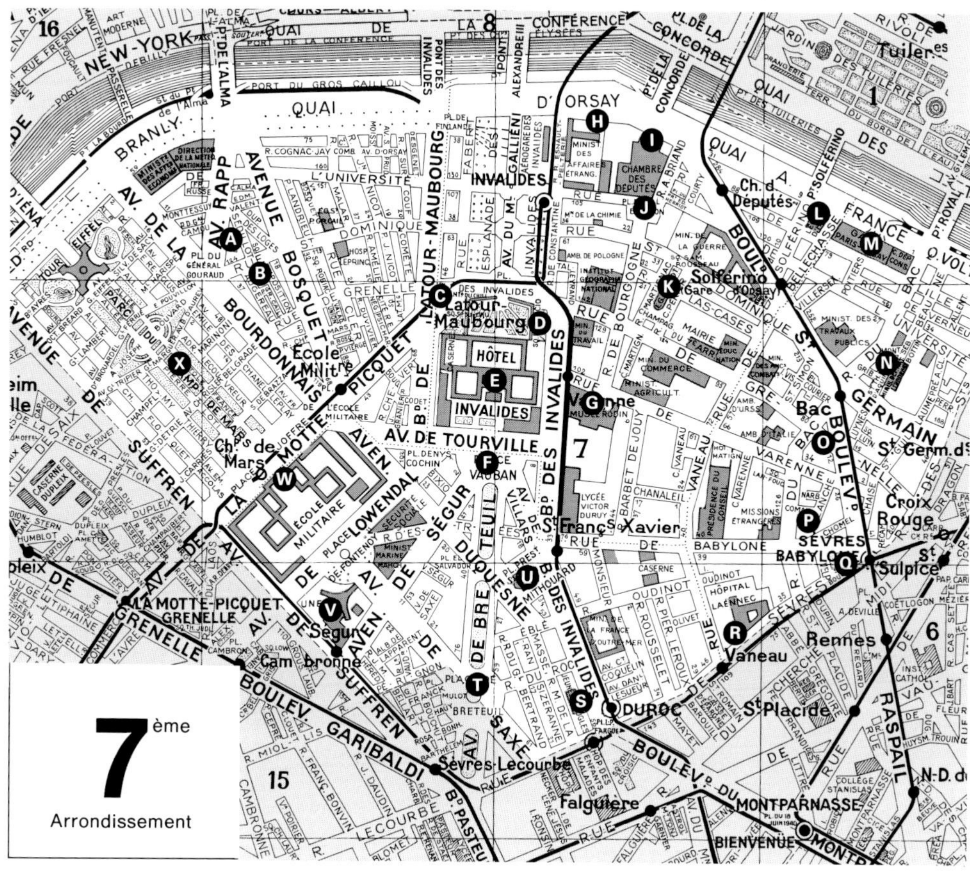

7ème
Arrondissement
QUAI D'ORSAY
PL. DE LA CONCORDE
INVALIDES
HÔTEL
INVALIDES
Ecole Milit.re
ECOLE MILITAIRE
AV. DE TOURVILLE
AV. DE LA MOTTE-PICQUET
BOULEV. GARIBALDI
BOULEV.D DU MONTPARNASSE
BOULEV.D ST GERMAIN
BD DES INVALIDES
AV. DE SUFFREN
AV. DE SÉGUR
AV. DE SAXE
AV. BOSQUET
AV. RAPP
AV. DE LA BOURDONNAIS
BD DE LATOUR-MAUBOURG
AV. DE BRETEUIL
AV. DUQUESNE
QUAI DES TUILERIES
RUE DE GRENELLE
RUE DE BABYLONE
RUE DE SÈVRES
RASPAIL
Ch. de Mars
Latour-Maubourg
Solférino
Gare d'Orsay
Ch. d Députés
Varenne
Bac
St Germ. d.s
Croix Rouge
Sèvres Babylone
St Sulpice
Rennes
St Placide
Vaneau
Duroc
Falguière
Sèvres-Lecourbe
Cambronne
Ségur
La Motte-Picquet Grenelle
Pl. de Breteuil
St Franç.s Xavier
Bienvenüe
Montparnasse
N.-D. d
Tuiler.es
16
8
1
6
7
15

29, avenue Rapp: nymphe en grès par Bigot.

29, AVENUE RAPP (A)

Immeuble bâti par l'architecte Lavirotte en 1901 et orné de motifs en grès émaillé par le céramiste Alexandre Bigot. La porte est encadrée de gracieuses figures féminines, de souples arabesques et de végétaux particulièrement caractéristiques du modern'style.

FONTAINE DE MARS
129, RUE SAINT-DOMINIQUE (B)

Elevée en 1806 sur ordre de l'Empereur, cette fontaine dite aussi du Gros-Caillou, est décorée d'un bas-relief sculpté par un élève de Pajou, Pierre Beauvallet. Le thème – *Hygie, déesse de la santé soignant Mars, le dieu de la guerre* – rappelle la proximité de l'hôpital militaire du Gros-Caillou. A noter que cette construction, un peu austère, se trouvait jadis au centre d'une place semi-circulaire bordée de peupliers.

PLACE SANTIAGO-DU-CHILI (C)

Statue de *Vauban,* en pierre, sculptée par Henri Bouchard en 1960. Fontaine en pierre provenant de la place de la Madeleine (1865). Son pendant se trouve place François Ier (8e arr.)

SQUARE D'AJACCIO (D)

Groupe en marbre, la *Défense du foyer,* par E. Boisseau (1887) et *Hippolyte Taine,* médaillon en bronze par Oscar Roty.

HOTEL DES INVALIDES
ESPLANADE DES INVALIDES (E)

● Dans les jardins, à gauche, statue en bronze du *Prince Eugène de Beauharnais,* par Augustin Dumont, inaugurée en 1814 boulevard du prince Eugène, actuel boulevard Voltaire, transportée ici en 1873.

● La longue et noble façade élevée en 1671 par Libéral Bruant est surmontée d'un fronton monumental, sculpté en bas-relief d'un *Louis XIV*

Hôtel des Invalides: lucarne «loup voit».

équestre en costume romain entre la Prudence et la Justice, par Guillaume Ier Coustou. Cette œuvre date de 1735 mais le Louis XIV, mutilé à la Révolution, a été refait en 1815 par Pierre Cartelier.

De part et d'autre du portail se dressent deux groupes – *Mars* et *Minerve* – remarquables de puissance et d'élégance, dus également à Coustou comme la *Tête d'Hercule* qui domine le portail.

A remarquer, au sommet de la façade, la série de lucarnes qu'entourent de somptueux trophées d'armes.

● La cour d'honneur a été décorée au moment de sa construction, à la fin du 17e siècle, par des sculpteurs dont l'identité reste inconnue. Elle est dominée par quatre vigoureux groupes de chevaux fringants. Les lucarnes sont encadrées de trophées d'armes d'une grande diversité. Du côté gauche, la sixième lucarne, en partant du fond, fait allusion aux armes de Louvois, fondateur des Invalides (Loup voit). Le fronton, situé au-dessus de l'entrée de l'église, date également du 17e siècle.

Au fond de la cour, dans la baie centrale: statue en bronze de *Napoléon Ier en petit caporal,* par Emile Seurre. Cette œuvre, exécutée en 1833, et placée au sommet de la colonne Vendôme, a connu de multiples aventures. Remplacée en 1853 par le *Napoléon* de Dumont, elle est transportée au rond-point de la Défense et laissée à l'abandon. En septembre 1870, à l'approche des Prussiens, elle est, volontairement ou accidentellement selon les versions, immergée dans la Seine près du pont de Neuilly. Récupérée quatre mois plus tard par l'architecte Lefuel puis transportée au dépôt de l'île des Cygnes, elle est finalement placée aux Invalides le 11 mars 1911.

DOME DES INVALIDES
PLACE VAUBAN (E)

Ce monument, l'un des plus parfaits du règne de Louis XIV, a été élevé de 1680 à 1712, par Jules Hardouin-Mansart, avec le concours de Robert de Cotte et du sculpteur François Girardon pour la décoration.

Le rez-de-chaussée est percé de deux niches qui abritent des statues en marbre exécutées en 1706: à gauche, *Saint Louis,* par Nicolas Coustou; à droite, *Charlemagne,* par Antoine Coysevox.

La corniche qui couronne le rez-de-chaussée supporte quatre figures des vertus sculptées en 1691; à gauche: la *Force,* la *Justice;* à droite, la *Tempérance,* la *Prudence,* toutes par Antoine Coysevox.

Au premier étage, dans les écoinçons de la niche centrale *Deux anges tenant les instruments de la passion,* par Corneille van Clève (1692). De part et d'autre, trophées d'armes sculptés en bas-relief par Pierre Le Gros (1692).

● Dans le Jardin de l'Intendant devant le dôme, statue en bronze de *Jules Hardouin-Mansart,* par Ernest Dubois.

PLACE VAUBAN (F)

Sur deux socles en pierre ornés de bas-reliefs, statues en bronze du maréchal *Gallieni* (1927) et du maréchal *Fayolle* (1935), par Jean Boucher.

PLACE DENYS COCHIN (F)

Statue du *Maréchal Lyautey,* bronze d'après une œuvre de François Cogné (1985).

MUSEÉ RODIN
77, RUE DE VARENNE (G)

Le parc de ce musée, aménagé dans l'élégant hôtel Biron, est orné de bronzes tirés de quelques-unes des œuvres maîtresses du célèbre sculpteur, notamment les *Bourgeois de Calais,* la *Porte de l'Enfer,* le *Penseur.*

37, QUAI D'ORSAY (H)

Monument à Aristide Briand, exécuté en bronze en 1937 par Paul Landowski. Il se compose d'un groupe – la *Mère et l'enfant* – placé devant un bas-relief qui représente les travaux agrestes rendus possibles par la paix.

PALAIS BOURBON
QUAI D'ORSAY (I)

Le grand portique «à la grecque» qui fait pendant à l'église de la Madeleine, a été élevé en 1804 devant les bâtiments du 18e siècle de l'ancien hôtel des princes de Condé.

● Le fronton n'a été sculpté qu'en 1842, sous le règne de Louis-Philippe, par Jean-Pierre Cortot. Il représente la *France entre la liberté et l'ordre public avec les génies du commerce, de l'agriculture, de la paix, de la guerre et de l'éloquence.* Tout un programme!

● Sur les ailes en retrait ont été plaqués deux grands bas-reliefs. A gauche, l'*Instruction publique,* par James Pradier (1839). A droite, *Prométhée animant les arts,* par François Rude (1835).

● Sur le perron, deux grandes figures debout en pierre: à gauche, *Minerve,* par Philippe Roland; à droite, *Thémis,* par Antoine Houdon. Ces deux œuvres datent du début du 19e siècle comme les suivantes.

● Au bas des marches, quatre statues de personnages assis: *Sully,* par Pierre Beauvallet, l'*Hospital* par Louis Deseine, d'*Aguesseau,* par Jean Foucou, *Colbert,* par Jacques Dumont.

PLACE DU PALAIS-BOURBON (J)

Figure assise de la *Loi,* en pierre, sculptée par Jean-Jacques Feuchère en 1854.

Sur le parvis du musée d'Orsay, le Rhinocéros en fonte d'Alfred Jacquemart évoque, avec d'autres groupes, le décor de l'ancien jardin du Trocadéro, mis en place pour l'exposition universelle de 1878 et supprimé pour celle de 1937.

ÉGLISE SAINTE-CLOTILDE
28*bis*, RUE LAS CASES (K)

La statuaire de ce vaste édifice, élevé de 1846 à 1856 dans le style du 14ᵉ siècle, est due à tout un groupe de sculpteurs parmi lesquels Chenillon, Dantan, Lequesne, Perrey, Ottin et enfin Geoffroy-Dechaume qui, à la même époque, dirigeait les travaux de sculpture de Notre-Dame.

SQUARE SAMUEL-ROUSSEAU (K)

● L'*Education maternelle,* groupe en marbre par Eugène Delaplanche (1875). *Monument à César Franck,* en pierre, par Alfred Lenoir (1891).

PALAIS DE LA LÉGION D'HONNEUR
64, RUE DE LILLE (L)

Ancien hôtel élevé en 1784 dans le style néo-antique par l'architecte Pierre Rousseau pour le prince de Salm-Kyrburg, vendu en 1804 à la Grande chancellerie de la Légion d'honneur, incendié au moment de la Commune en 1871, restauré en 1874. Les sculptures extérieures n'ont pratiquement pas souffert de l'incendie et ont été conservées.

● Le portail principal est surmonté de deux élégantes *Renommées,* sculptées en bas-relief par Jean Moitte.

● De part et d'autre, les avant-corps sont décorés de deux grands bas-reliefs à l'antique. A gauche, *Marche de sacrifice;* à droite, *Cortège funèbre,* par Philippe Roland.

● Au fond de la cour, derrière le portique, un très grand bas-relief en plâtre représente une fête de bergers célébrée dans la Grèce antique, la *Fête de Palès,* par Jean Moitte.

● Les façades sur la rue de Solferino et sur le quai Anatole-France sont ornées de cinquante et un charmants petits bas-reliefs représentant des scènes allégoriques dont un certain nombre a été attribué, sans certitude, à Clodion.

● Sur le quai Anatole-France, dix-neuf bustes de personnages antiques, disposés dans des niches, ont été sculptés par Philippe Roland. Le corps central en hémicycle est orné de cinq bas-reliefs et, sur la corniche, de six statues allégoriques, par Jean Moitte.

● Les bâtiments situés le long de la rue de Bellechasse datent des agrandissements effectués après 1871. Fronton sculpté par Paul Moreau-Vauthier.

MUSÉE D'ORSAY
5 ET 7, QUAI ANATOLE-FRANCE ET 1, RUE DE BELLECHASSE (M)

● Sur la corniche surchargée d'ornements de ce lourd édifice inauguré le 14 juillet 1900, trois figures assises, en pierre, symbolisent, de gauche à droite, les villes de *Bordeaux,* par Dominique Hugues, de *Toulouse,* par Laurent Marqueste et de *Nantes,* par Antoine Injalbert.

● Sur le parvis de la rue de Bellechasse ont été placées neuf statues en fonte qui décoraient, jusqu'en 1936, les jardins de l'ancien Trocadéro. Côté Seine, trois animaux: le *Cheval* de Pierre Rouillard, l'*Eléphant* d'Emmanuel Frémiet, le *Rhinocéros* d'Henri Alfred Jacquemart. Au fond du parvis, les six parties du monde: de gauche à droite, l'*Europe,* par Alexandre Pierre Schoenewerk, l'*Asie,* par Alexandre Falguière, l'*Afrique,* par Eugène Delaplanche, l'*Amérique du Nord,* par Ernest Eugène Hiolle, l'*Amérique du Sud,* par Aimé Millet, l'*Océanie,* par Mathurin Moreau. Ces groupes, transportés à Nantes après 1937, avaient échoués dans une décharge. Les trois animaux, quant à eux, proviennent d'un square de la porte de Saint-Cloud.

7 ÉGLISE SAINT-THOMAS-D'AQUIN
PLACE SAINT-THOMAS-D'AQUIN (N)

La façade, élevée en 1769, a conservé de sa décoration primitive par Joseph Butteux, le fronton orné d'une allégorie de la *Religion* et le bas-relief en bois sculpté de la porte centrale qui représente l'*Arche d'alliance*.

Les bas-reliefs en pierre qui surmontent les trois portes datent de 1867. A gauche, la *Vierge donnant le rosaire à saint Dominique,* par Théodore Gruyère; à droite, *Jésus-Christ louant saint Thomas sur sa doctrine,* par Victor Vilain; au centre, *Deux anges supportant une couronne,* par Louis Daumas.

FONTAINE DES QUATRE-SAISONS
57, RUE DE GRENELLE (O)

Cette œuvre monumentale et de grande allure (L 29 m, H 11 m 60) exécutée par Edme Bouchardon, le célèbre sculpteur de Versailles, entre 1739 et 1746, s'élève malheureusement dans une rue trop étroite. «Il faut que nos fontaines soient élevées dans les places publiques», écrivait déjà Voltaire à son propos en donnant en exemple les fontaines de Rome. C'est précisément avec les fontaines romaines que les échevins de Paris voulaient rivaliser en commandant cette œuvre au sculpteur qui venait de passer dix ans dans la cité des papes et qui en rapportait un goût prononcé pour l'antique.

- L'avant-corps central présente un groupe en marbre: la *Ville de Paris entre la Seine et la Marne,* symbolisées, la capitale par une altière jeune femme assise, les rivières, par deux figures couchées devant des plantes et des animaux aquatiques. Sur le soubassement sont placés deux curieux mascarons en bronze à tête de dauphin d'où l'eau coulait (mais ne coule plus).
- Les deux ailes incurvées sont ornées, dans des niches, de quatre statues de génies en marbre, un peu conventionnels, et, en dessous, de quatre charmants bas-reliefs qui représentent des jeux d'enfants et symbolisent les saisons.

Fontaine des Quatre-Saisons (détail) par Bouchardon.

SQUARE DES MISSIONS ÉTRANGÈRES (P)

Buste en pierre de *Châteaubriand,* mort au 120 de la rue du Bac, par Léon Gambier (1948).

SQUARE BOUCICAUT (Q)

Important groupe en pierre du sculpteur Paul Moreau-Vauthier, élevé par la ville de Paris en hommage à *Mme Boucicaut et à Mme de Hirsch* (1914).

FONTAINE DITE DE FELLAH
42, RUE DE SÈVRES (R)

Construite en 1806 par l'architecte Bralle, cette fontaine affecte la forme d'une porte de temple égyptien selon une mode très en honneur depuis la victoire des Pyramides. La statue qui occupe la niche a été sculptée en 1844 par Jean-François Gechter d'après la statue précédente de Beauvallet, elle-même copiée sur un marbre découvert en 1788, dans la villa Adriana, à Tivoli. Elle représente Antinoüs, un favori de l'empereur romain Adrien, considéré comme le modèle de la beauté plastique.

INSTITUT NATIONAL DES JEUNES AVEUGLES
56, BOULEVARD DES INVALIDES (S)

● Le fronton représente la *Religion en compagnie de Valentin Haüy et d'une femme qui instruisent des jeunes aveugles,* sculpté en 1843 par François Jouffroy.
● Devant la façade, statue en pierre de *Valentin. Haüy,* par Badiou de Latronchère (1859).

PLACE DE BRETEUIL (T)

Monument à Pasteur, dernière œuvre importante d'Alexandre Falguière, élevée en 1904 par souscription nationale sur l'emplacement d'un ancien puits artésien. Autour du piédestal s'enroule une vaste composition en ronde bosse: les *Travailleurs des champs goûtant en paix les bienfaits que leur a procuré le grand savant en les préservant de la mort.*

ÉGLISE SAINT-FRANÇOIS-XAVIER
PLACE DU PRÉSIDENT-MITHOUARD (U)

Au fronton de cet édifice élevé de 1861 à 1875: *Saint-François-Xavier baptisant les infidèles de l'Inde et du Japon,* par Jules Thomas. Dans deux niches, au premier étage: à gauche, *Saint Pierre,* par Justin Sanson; à droite, *Saint Paul,* par Jules Franceschi.
● Sur le terre-plein, devant l'église, médaillon en bronze de *François Coppée,* par Georges Saupique (1959).
● Au chevet de l'église, statue du *Général Mangin.* Ce bronze de Raymond Martin a remplacé en 1954 celui de Réal del Sarte, fondu par les Allemands pendant l'occupation.

UNESCO
PLACE FONTENOY (V)

Le siège de l'organisation des Nations Unies pour l'Education, la Science et la Culture, a été construit en 1958 par les architectes Breuer (USA), Nervi (Italie) et Zehrfuss (France).

Dans les jardins que longe l'avenue de Suffren sont représentés deux des plus grands sculpteurs actuels. Il s'agit de l'Américain Alexandre Calder avec son *Spirale stabile-mobile,* en acier, haut de 10 mètres, et de l'Anglais Henry Moore avec sa monumentale et harmonieuse *Silhouette au repos,* en travertin.

7

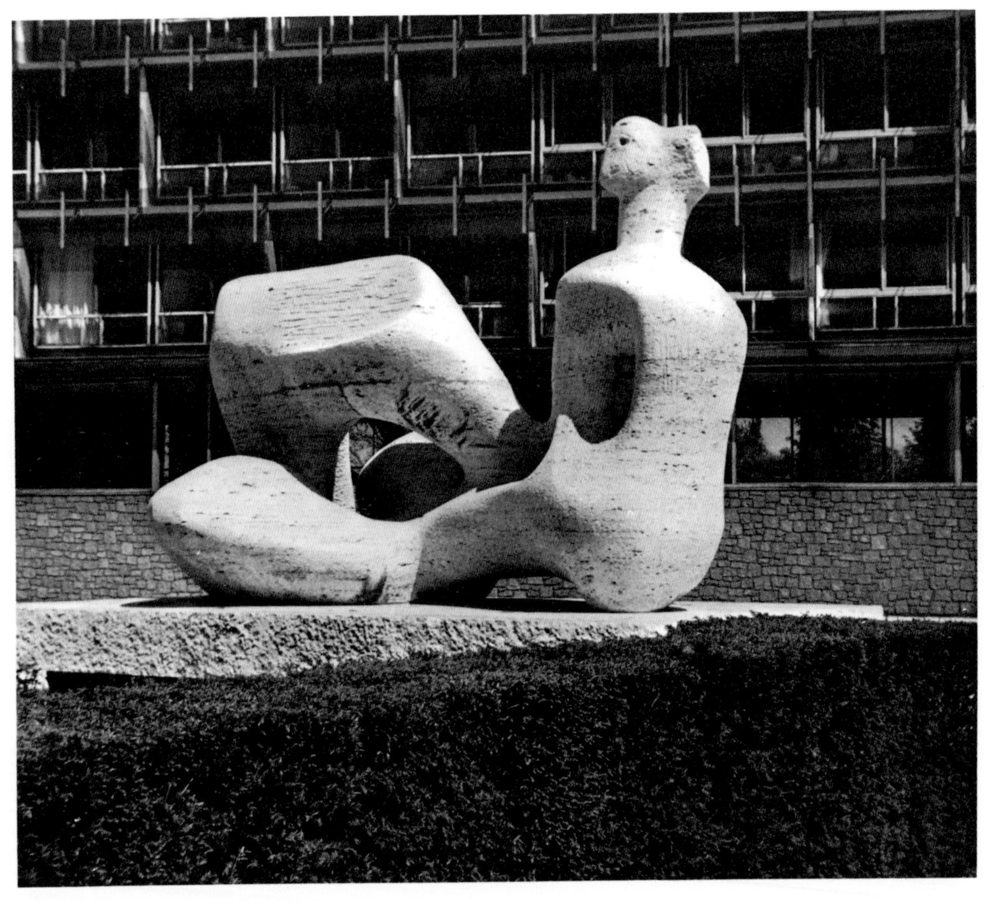

Palais de l'UNESCO: Silhouette au repos, par Henry Moore.

ÉCOLE MILITAIRE AVENUE DE LA MOTTE-PICQUET (W)

Elégant et sobre bâtiment édifié par l'architecte Gabriel de 1768 à 1773. L'ornementation sculptée a été exécutée à cette époque sous sa direction.

● La façade sur le Champ-de-Mars est surmontée, au centre, d'un fronton sculpté en fort relief: deux *Génies soutenant l'écusson de Louis XV,* par Louis-Philippe Mouchy.

Sur l'entablement se dressent quatre figures allégoriques; de gauche à droite: la *Victoire,* sous les traits de Louis XV vêtu à l'antique (c'est une des rares effigies de ce roi qui ait échappé aux destructions révolutionnaires), la *France,* la *Paix* et la *Force,* sous les traits d'Hercule. Ces statues, attribuées à Mouchy ou à Jean-Baptiste d'Huez, ont été refaites d'après les originaux vers 1930.

● L'horloge est encadrée des figures du *Temps* et de l'*Astronomie,* sculptées en bas-reliefs par d'Huez où Mouchy.

● La façade sur cour comporte un fronton où la *France protège les élèves de l'Ecole militaire* et d'une horloge flanquée des figures du *Temps* et de la *Vigilance.* Toutes ces œuvres sculptées par d'Huez d'après les dessins de Lemoyne, ont été restaurées vers 1930.

CHAMP-DE-MARS (X)

● Devant l'Ecole militaire (place Joffre), statue équestre en bronze du *Maréchal Joffre* exécutée en 1939 par Maxime Réal del Sarte.

● Dans les jardins, à droite, avant la Tour Eiffel: la *Chaste Suzanne,* statue en pierre, sculptée par Alix Marquet (1927). A gauche, buste en bronze du *Général Ferrié,* par François Sicard (1933).

● Au pied d'un des piliers de la Tour Eiffel, buste en bronze doré de l'ingénieur *Gustave Eiffel,* par Antoine Bourdelle (1927).

18, AVENUE ÉLYSÉE-RECLUS (X)

Buste en bronze de *Lucien Guitry* par Paul Rothlisberger (1931).

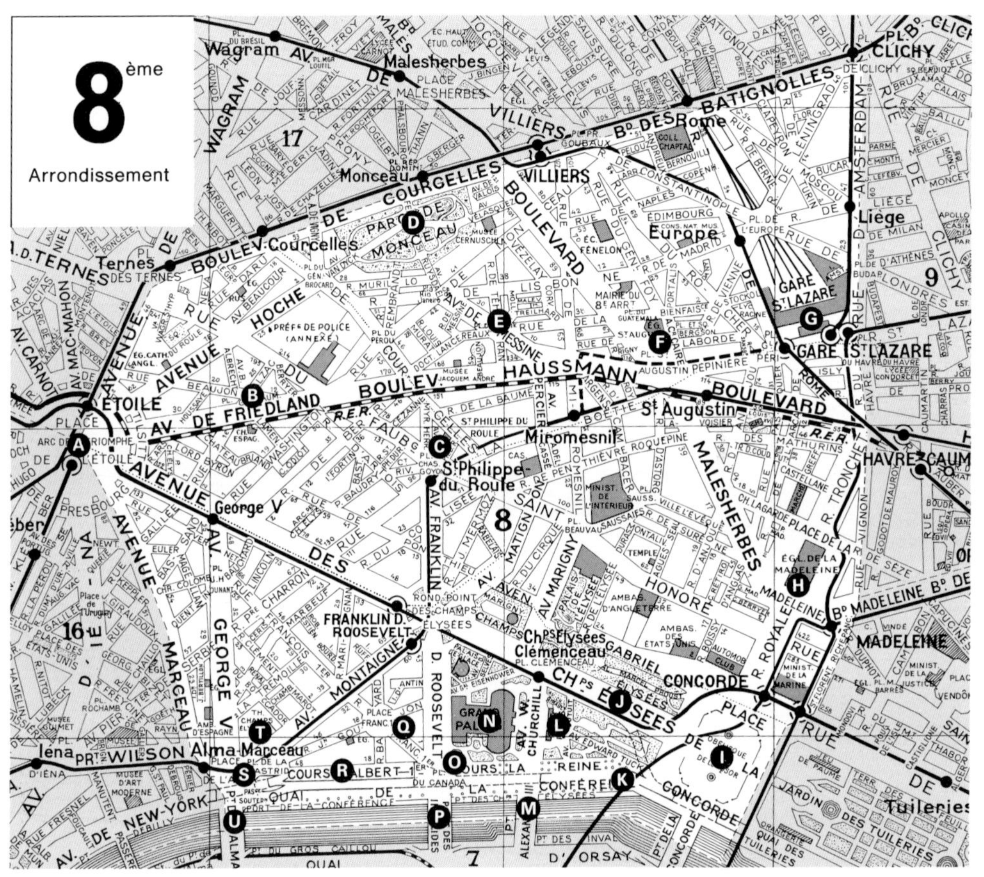
8ème
Arrondissement
Wagram
Malesherbes
Villiers
Monceau
Courcelles
Ternes
Étoile
Rome
Europe
Liège
Gare St Lazare
Havre Caumartin
St Augustin
Miromesnil
St Philippe du Roule
George V
Franklin D. Roosevelt
Chps Elysées Clémenceau
Concorde
Madeleine
Tuileries
Alma Marceau
Iéna
17
9
16
8
7
AVENUE HOCHE
BOULEV. HAUSSMANN
AV. DE FRIEDLAND
BOULEVARD MALESHERBES
BOULEVARD DE COURCELLES
Bd DES BATIGNOLLES
AVENUE DES CHAMPS ÉLYSÉES
AVENUE MARCEAU
AV. GEORGE V
AV. MONTAIGNE
PLACE DE LA CONCORDE
RUE ROYALE
RUE DE RIVOLI
COURS ALBERT 1er
COURS LA REINE
PARC DE MONCEAU
GARE ST LAZARE
GRAND PALAIS
JARDIN DES TUILERIES
QUAI D'ORSAY

Arc de Triomphe: la «Marseillaise», par Rude.

Arc de Triomphe: la «Marseillaise» (détail), par Rude.

ARC DE TRIOMPHE DE L'ÉTOILE
PLACE CHARLES-DE-GAULLE (A)

Commencé en 1806 par Jean-François Chalgrin, ce monument aux proportions majestueuses (H 50 m, L 45 m) ne s'élevait que de quelques mètres à la mort de l'architecte en 1811. Plusieurs fois interrompus, les travaux ne furent achevés qu'en 1836, sous le règne de Louis-Philippe. Son importante décoration, sculptée vers 1830 à la gloire de la Révolution et de l'Empire, ne coûta pas moins de 1200000 F sur une dépense totale de plus de 9 millions. Il s'agit de l'ensemble de sculptures le plus considérable de l'époque de la Restauration que l'on puisse voir à Paris.

● Façade est (côté Champs-Elysées): chaque massif est orné à sa base d'un groupe monumental en pierre haut de 12 mètres. A gauche, le *Triomphe de 1810,* par Jean Cortot; à droite, la célèbre *Marseillaise,* de François Rude. Cette œuvre magistrale représente en réalité le départ des volontaires en 1792. Elle illustre le retour de la vie et du mouvement dans la sculpture française figée depuis l'Empire par une imitation trop servile de l'Antiquité. A côté de ce groupe d'un dynamisme extraordinaire, les autres compositions qui entourent l'Arc de Triomphe contrastent par leur aspect statique. On peut regretter qu'elles n'aient pas été, elles aussi, confiées à Rude comme celui-ci l'avait un moment espéré.

Au-dessus de ces groupes sont placés deux grands bas-reliefs de 8 m 50 × 3 m 90. A gauche, la *Bataille d'Aboukir,* par Bernard Seurre aîné. A droite, les *Funérailles du général Marceau en 1792,* par Philippe Lemaire.

Dans les écoinçons de l'arcade, d'altières *Renommées* ont été sculptées en bas-relief par James Pradier.

La grande frise qui fait le tour complet de l'édifice (H 2 m 12; longueur totale 137 m) décrit le *Départ et le retour des armées françaises.* La partie de cette frise qui regarde les Champs-Elysées a été sculptée par Georges Jacquot (à gauche), Sylvestre Brun (au centre) et Charles Laitié (à droite).

● Façade nord (côté avenue de Wagram): au-dessus de l'arcade, sur un bas-relief de 17 mètres de large se déploie la *Bataille d'Austerlitz,* par Jean-François Gechter.

Dans les écoinçons de l'arcade, figures allégoriques symbolisant l'infanterie, par Théophile Bra. Sur cette face, la frise de l'entablement a été sculptée par Charles Laitié (moitié gauche) et par François Rude (moitié droite).

● Façade ouest (côté avenue de la Grande-Armée). A la base, deux groupes monumentaux faisant pendant à ceux de la façade opposée. A gauche, la *Paix de 1815;* à droite, la *Résistance de 1814.* Ces deux œuvres assez conventionnelles, dues à Antoine Etex, étaient déjà qualifiées de «médiocres» dans l'*Illustration* au moment de l'inauguration du monument.

Au-dessus, deux bas-reliefs. A gauche, la *Prise d'Alexandrie,* par Jean Chaponnière; à droite, le *Passage du pont d'Arcole,* par Jean-Jacques Feuchère.

Dans les écoinçons de l'arcade, *Renommée,* par James Pradier.

La frise de l'entablement a été sculptée par François Rude (à gauche), Louis Caillouette (au centre), et Bernard Seurre aîné (à droite).

● Façade sud (côté avenue Kléber). Au-dessus de l'arcade, très grand bas-relief (L 17 m): *la Bataille de Jemmapes,* par Charles Marochetti.

Dans les écoinçons, figures allégoriques symbolisant la cavalerie, par Achille Valois.

Sur cette face, la frise de l'entablement est due à Bernard Seurre aîné (moitié gauche) et Georges Jacquot (moitié droite).

● Le sommet de l'Arc de Triomphe devait être couronné d'un groupe monumental. Plusieurs projets furent proposés, certains totalement fantaisistes, allant de la France victorieuse à l'éléphant de la Bastille en passant par un aigle colossal de 2 mètres de haut (projet de Barye), une figure de la Liberté (David d'Angers), Napoléon juché sur une sphère et même un réservoir d'eau. Un quadrige en plâtre et en bois, de Falguière, fut même placé en 1882 au sommet du monument. Désagrégé par les intempéries, il dut être supprimé avant d'avoir été coulé en bronze.

● Sous l'Arc de Triomphe, de grands bas-reliefs (2 m 50 × 8 m) ornent chacun des quatre massifs et symbolisent les points cardinaux sous les traits de victoires ailées entourées d'enfants. Côté avenue Kléber (au sud): à gauche, l'*Ouest,* par Jean Esparcieux; à droite, le *Sud,* par Antoine Gérard. Côté avenue de Wagram (au nord: à gauche, le *Nord,* par A.-S. Bosio; à droite, l'*Est,* par Joseph Walcher.

Les écoinçons intérieurs des arcades sont ornés de figures allégoriques. Au sud, l'*Artillerie,* par Joseph De Bay; au nord, la *Marine,* par Emile Seurre.

SQUARE GEORGES GUILLAUMIN CARREFOUR FRIEDLAND-BALZAC (B)

Statue de Balzac en pierre, par Alexandre Falguière, inaugurée le 22 novembre 1902. Cette œuvre avait été commandée en 1899 par la Société des gens de lettres qui venait de refuser le modèle proposé par Rodin (aujourd'hui boulevard Raspail). Elle fut terminée, après la mort du sculpteur en 1900 par un de ses élèves, Laurent Marqueste. On raconte qu'au moment de l'inauguration de cette statue, Rodin, qui y assistait, fut applaudi par la foule.

ÉGLISE SAINT-PHILIPPE-DU-ROULE 153, FAUBOURG-SAINT-HONORÉ (C)

Eglise construite à partir de 1774 sur les plans de Chalgrin. Le fronton représente la *Religion entourée d'anges,* sculptée par François-Joseph Duret.

Parc Monceau: monument à Guy de Maupassant, par Raoul Verlet.

PARC MONCEAU (D)

Tracé en 1778 sur les dessins de Carmontelle pour Philippe d'Orléans, père de Louis-Philippe, ce jardin, de style anglais, a été remanié en 1861 et amputé de plus de la moitié de sa superficic. Il comporte un certain nombre de «fabriques», ou fausses ruines, très en vogue sous le règne de Louis XVI, notamment la fameuse *Naumachie.* Cette colonnade proviendrait de la rotonde inachevée commencée au 17ᵉ siècle au chevet de la basilique de Saint-Denis pour servir de mausolée aux Bourbons. Une arcade de l'ancien Hôtel de Ville, incendié en 1871, a été remontée à proximité.

● A droite de l'allée médiane qui relie l'avenue Vélasquez à l'avenue Van Dyck: *Le Joueur de billes,* statue en pierre par Charles Lenoir (1878). *Momument à Guy de Maupassant,* par Raoul Verlet (1897); au pied du buste de l'écrivain «rêve une femme qui vient de lire un de ses romans». *Monument à Alfred de Musset,* en pierre, par Antonin Mercié (1906). Au fond du parc, *Monument à Chopin,* par Jacques Froment-Meurice, avec les figures quelque peu éplorées de la *Musique* et de l'*Harmonie* (1906).

● A gauche de l'allée médiane: buste d'*Edouard Pailleron,* par Léopold Bernstam (1906). *Monument à Gounod,* par Antonin Mercié (1897), avec les personnages de ses opéras, Mireille, Juliette, Marguerite. *Monument à Ambroise Thomas,* par Alexandre Falguière (1902); le compositeur est représenté en méditation, tandis que Mignon, l'une de ses héroïnes, lui offre des fleurs.

PLACE DE NARVIK (E)

Haut-relief en bronze commémorant la *Bataille de Narvik,* en Norvège, par Paul Landowski (1960).

8 ÉGLISE SAINT-AUGUSTIN
PLACE SAINT-AUGUSTIN (F)

Eglise bâtie de 1860 à 1871 par Victor Baltard, l'architecte des Halles. Nombreuses statues parmi lesquelles, sur la façade, le *Christ et les douze apôtres,* par François Jouffroy, et les symboles des *Quatre évangélistes,* par Alfred Jacquemart.

PLACE SAINT-AUGUSTIN (F)

- Au centre, statue en bronze de *Jeanne d'Arc,* réplique du groupe équestre de Reims, sculpté par Paul Dubois en 1896.
- A l'entrée du square Marcel Pagnol: statue en bronze de *Paul Déroulède,* sur un socle en pierre sculpté d'un bas-relief, par Paul Landowski (1927).
- Au sommet de l'immeuble du Cercle militaire, construit en 1927, quatre statues de soldats par François Sicard, Paul Landowski, Antoine Injalbert et Jean Boucher.

PLACE DU GUATEMALA (F)

Au chevet, de l'église Saint-Augustin, statue de *Jules Simon,* par Denys Puech (1902).

GARE SAINT-LAZARE (G)

Deux «accumulations» en bronze d'Arman, hautes de six mètres, ont été placées en 1985: *Consigne à vie,* dans la cour de Rome, *L'Heure de tous,* dans la cour du Havre.

Gare Saint-Lazare: l'Heure de tous, par Arman.

ÉGLISE SAINTE-MARIE-MADELEINE PLACE DE LA MADELEINE (H)

Construite entre 1806 et 1842 sur les plans de Vignon, l'église de la Madeleine, un moment destinée par Napoléon Ier à devenir un temple à la gloire des armées françaises, ressemble en fait à un temple grec.

● Le grand fronton, exécuté dans le goût antique en 1833, représente pourtant un thème essentiellement religieux, le *Jugement dernier,* sculpté par Philippe Lemaire. Au pied du Christ, la Madeleine agenouillée, à gauche, l'ange de miséricorde et les Vertus, à droite, l'ange exterminateur et les Vices.

Place de la Concorde: une fontaine.

● Porte monumentale de plus de 10 mètres de haut, ornée de bas-reliefs en bronze, évoquant les *Dix commandements de Dieu,* par Henri de Triqueti.

● Sous le péristyle, tout autour de l'église, sont disposées dans des niches trente-quatre statues de saints, en pierre. A gauche de la porte, *Saint Louis;* à droite, *Saint Philippe,* par Charles Lebœuf-Nanteuil. A noter également, sous le portique de droite: un gracieux *Archange Gabriel,* par Francisque Duret; *Sainte Thérèse,* par Jean-Jacques Feuchère; un puissant *Saint Hilaire,* par Victor Huguenin; *Sainte Cécile,* très sobre, par Augustin Dumont. Sur la façade postérieure, côté rue Tronchet: *Saint Luc,* par Jules Ramey (décapité par un obus allemand en 1918), *Saint Mathieu,* par Louis Desprez, et un majestueux *Saint Marc,* par Philippe Lemaire. Sous le portique situé à gauche de la façade, un *Saint Grégoire de Valois,* plein de vigueur, par Hippolyte Maindron, *Saint Charles Borromée,* par François Jouffroy et *Sainte Anne,* par Antoine Desbœufs.

PLACE DE LA CONCORDE (I)

Au centre, à la place de la statue de *Louis XV,* par Bouchardon, détruite à la Révolution, s'élève un obélisque égyptien, constitué d'un seul bloc de granit rose. Il provient du temple de Ramsès II à Louksor (13e siècle avant J.-C.) et fut offert par le vice-roi d'Egypte, Mehemet-Ali, au roi Louis-Philippe en 1831. Hauteur: 22 m 83. Poids: plus de 200 tonnes. Son transport et son érection soulevèrent de multiples difficultés.

● Les deux fontaines, harmonieusement composées, rappellent celle de la place Saint-Pierre à Rome. Elles ont été bâties entre 1836 et 1846 d'après les dessins de l'architecte Hittorf. La fontaine située au nord (côté rue Royale) est dédiée aux divinités fluviales.

8 Des groupes de statues en bronze (H 3 m) soutiennent la première vasque: le *Rhône* et le *Rhin,* par Jean-François Gechter, la *Moisson* et la *Vendange,* par Jean Husson, la *Récolte des fleurs* et la *Récolte des fruits,* par François Lanno.

Sous la vasque supérieure: la *Navigation fluviale, l'Agriculture* et l'*Industrie,* par Jean-Jacques Feuchère.

Dans le bassin (comme dans celui de la fontaine sud) des tritons et des néréides tiennent un poisson qui projette l'eau dans la vasque inférieure. Ils sont dus à Antonin Moine, Carle Elshoecht et Louis Merlieux.

La fontaine sud (côté Seine) est consacrée aux divinités marines). Elle s'élève sur l'emplacement où Louis XVI fut guillotiné le 21 janvier 1793. Sous la première vasque: l'*Océan* et la *Méditerranée,* par Auguste De Bay, *la Pêche des perles* et la *Pêche des coquillages,* par Achille Valois, la *Pêche des poissons* et la *Pêche des coraux,* par Antoine Desbœufs.

Sous la vasque supérieure: la *Navigation maritime,* le *Commerce* et l'*Astronomie,* par Isidore Brion.

● Aux quatre angles de la place, les huit pavillons construits par Gabriel en 1754 ont été surmontés en 1836 de statues, plutôt médiocres, qui symbolisent des villes françaises. Angle nord-ouest (côté rue Boissy-d'Anglas): *Brest* et *Rouen,* par Jean-Pierre Cortot. Angle nord-est (côté rue de Rivoli): *Lille* et *Strasbourg,* par James Pradier. La première, endommagée en 1871, a été refaite par Clesinger. La seconde, qui reproduit les traits de Juliette Drouet, a fait l'objet d'un véritable pèlerinage entre 1870 et 1914. Angle sud-est (côté quai des Tuileries): *Lyon* et *Marseille,* par Louis Petitot. Angle sud-ouest (côté cours la Reine): *Bordeaux* et *Nantes,* par Louis Caillouette.

● A l'entrée des Champs-Elysées se dressent les très célèbres *Chevaux de Marly,* en marbre, de Guillaume Ier Coustou. Ces deux groupes, pleins de fougue et de hardiesse (H 4 m), ont été sculptés en 1745 pour remplacer à Marly le *Mercure* et la *Renommée* de Coysevox (eux-mêmes placés depuis 1719 de l'autre côté de la place de la Concorde, à l'entrée du Jardin des Tuileries). Transportés à cet emplacement en 1795 sur l'initiative du peintre David qui en a dessiné les piédestaux, ils représentent des chevaux numides domptés par des Africains. A la grâce et à la sérénité des œuvres de Coysevox, Coustou substitue la force et le mouvement. Il n'en reste pas moins dans la lignée directe du grand sculpteur dont il était d'ailleurs le neveu. Les deux groupes de Coustou, comme ceux de Coyserox, ont été transportes au Musée du Louvre. Des moulages à l'identique, en marbre reconstitué, les ont remplacés.

● La partie nord de la place et occupée par les deux remarquables bâtiments élevés de 1760 à 1775 par l'architecte Jacques-Ange Gabriel. Ils sont l'un et l'autre surmontés de deux frontons sculptés par Guillaume II Coustou (fils de Guillaume Ier) et Michel-Ange Slodtz. Ces frontons représentent, sur le bâtiment de gauche (Hôtel Crillon), l'*Agriculture,* et le *Commerce;* sur le bâtiment de droite (ancien ministère de la marine), la *Magnificence* et la *Félicité.*

A noter qu'en 1866, à l'occasion de la fête de l'Empereur, la place de la Concorde – en même temps que l'Arc de Triomphe de l'Etoile – a été, pour la première fois illuminée à l'électricité.

JARDINS DES CHAMPS-ÉLYSÉES (J)

Entre la place de la Concorde et le Rond-point des Champs-Elysées, on rencontre quatre fontaines ornées de statues en fonte de fer, élevées en 1840 par l'architecte Jacques Hittorf, ainsi que plusieurs statues.

● A gauche, (côté Seine), fontaine Le Doyen, près du restaurant de ce nom, ornée d'une *Diane au milieu des roseaux,* par Louis Desprez. A proximité, stèle en

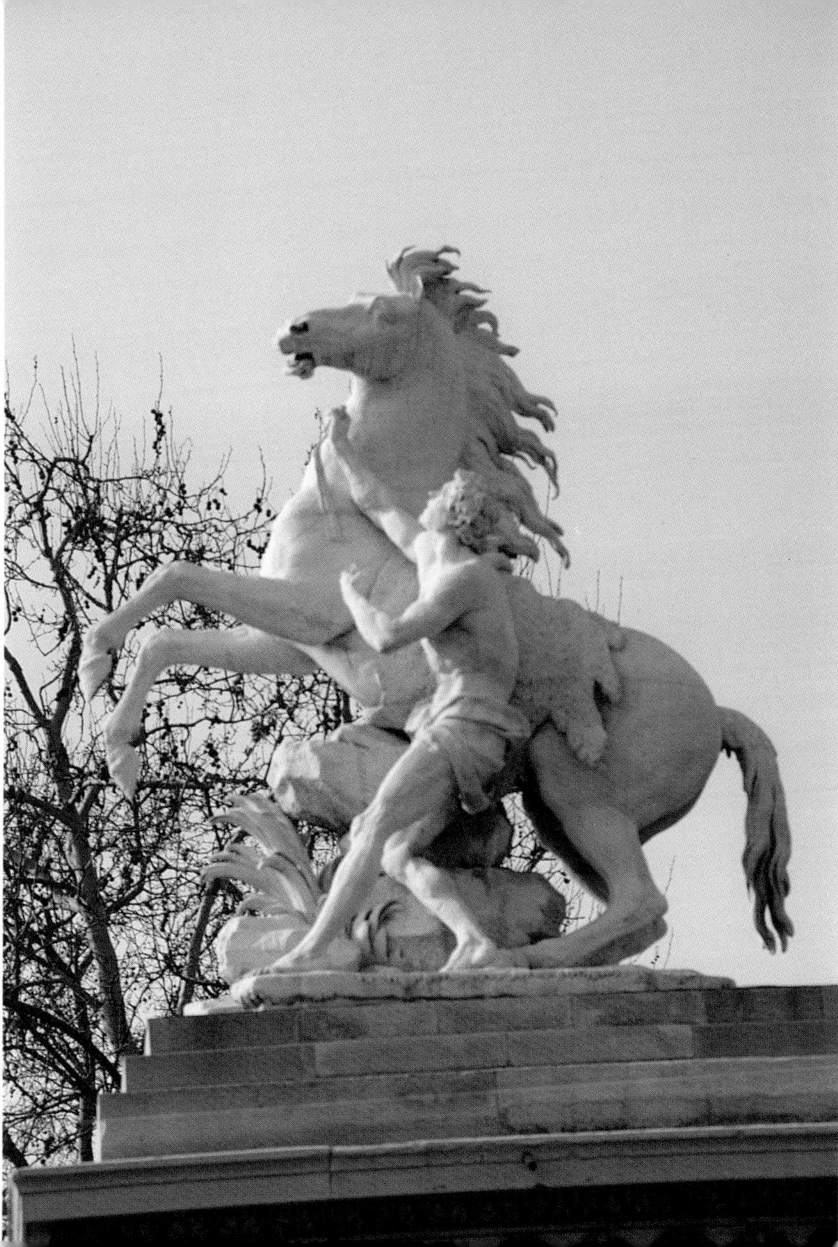

Les fameux Chevaux de Marly, sculptés en 1745 par Guillaume Ier Coustou, ornent l'entrée des Champs-Elysées depuis 1795. Menacés par la pollution atmosphérique, ils ont été mis à l'abri au musée du Louvre en 1984. Des moulages en marbre reconstitué les remplacent désormais.

granite surmontée d'une boule, sculptée sur ses quatre faces de figures féminines en bas-relief. Assez curieusement, aucun renseignement n'a pu nous être fourni sur cette œuvre anonyme qui semble dater des années 1930.

● A l'angle des Champs-Elysées et de l'avenue Winston-Churchill, statue en bronze de *Clémenceau* par François Cogné (1932).

● A droite, fontaine des Ambassadeurs (près de l'Espace Cardin, ancien théâtre des Ambassadeurs), ornée d'une gracieuse *Vénus au bain,* par Francisque Duret puis statue en marbre d'*Alphonse Daudet,* par René de Saint-Marceaux, fontaine de l'Elysée, très simple, *Hommage à Georges Pompidou,* statue en bronze par Louis Derbrée (1984), enfin, *Hommage à Jean Moulin* par Georges Jeanclos (1984), œuvre composée de cinq stèles en bronze surmontées de reliefs symboliques évoquant les *Larmes,* le *Murmure de la Résistance,* l'*Emprisonnement muet,* la *Disparition,* la *Renaissance.*

● Au delà de l'avenue Marigny, fontaine du Cirque (près du théâtre Marigny) surmontée de quatre statues d'enfants symbolisant les *Saisons,* par Jean Barre.

COURS LA REINE (K)

● A proximité de la place de la Concorde, groupe équestre en bronze du roi *Albert Ier* de Belgique, exécuté en 1938 par Armand Martial.

● A l'angle du pont Alexandre III, statue équestre en bronze de *Simon Bolivar, libérateur de l'Amérique latine,* par Emmanuel Frémiet (1933), autrefois place de l'Amérique latine (17e arrt.), transportée ici en 1979.

Un peu plus loin, en aval, statue équestre de *La Fayette,* en bronze, par un élève américain de Frémiet, Paul W. Bartlett. Cette statue se trouvait,

Jardins des Champs-Elysées: Georges Pompidou, par Louis Derbrée.

avant les travaux du Grand Louvre, dans un des squares de la cour Napoléon.

pleins de charme: l'*Archéologie* et l'*Histoire,* par Charles Desvergnes.

PETIT-PALAIS
AVENUE WINSTON-CHURCHILL (L)

Bâti par l'architecte Girault pour l'Exposition universelle de 1900, ce monument se caractérise, comme son vis-à-vis, le Grand-Palais, par la luxuriance de sa décoration sculptée.

● Fronton orné d'un bas-relief tumultueux: la *Ville de Paris protégeant les arts,* par le sculpteur montpelliérain Antoine Injalbert. Derrière la figure qui symbolise la capitale apparaît Apollon monté sur Pégase; à ses pieds, la Seine; à droite, l'Océan sous les traits d'un vieillard à longue barbe; à gauche, la Méditerranée.

● Au sommet de la façade, des génies prennent leur vol dans une attitude quelque peu figée: à gauche, le *Génie de la peinture;* à droite le *Génie de la sculpture,* l'un et l'autre par René de Saint-Marceau.

● Le grand escalier est flanqué de deux groupes monumentaux: à gauche, les *Quatre Saisons,* par Louis Convers; à droite, la *Seine et ses rives,* par Désiré Ferrary.

● De part et d'autre du porche central, sous les deux colonnades, les fenêtres sont surmontées de charmants bas-reliefs symbolisant les *Arts,* par Léon Fagel (à gauche) et Jean Hugues.

● Aux extrémités de la façade, les pavillons d'angles sont surmontés chacun de génies soutenant les armes de la ville, sculptés par Emile Peynot. Leurs façades latérales comportent un fronton orné d'élégantes figures de *Vénus* (côté Champs-Elysées) et de *Junon* (côté Seine), par Alphonse Moncel.

● Façade postérieure, sur les Jardins des Champs-Elysées. Au centre, grand fronton: les *Heures,* sculpté par Hector Lemaire, surmonté de deux groupes

PONT ALEXANDRE III (M)

Cet ouvrage en fonte d'une grande audace – son arche unique et surbaissée mesure 107 mètres d'ouverture – a été conçu pour l'exposition de 1900 par les ingénieurs Résal et Alby. L'abondante décoration de style Louis XIV «sans que pourtant un certain modernisme en soit exclu» (l'*Illustration,* 12 février 1898) a été dirigée par les architectes Cassien-Bernard et Cousin. Les quatre piliers d'angle en pierre, hauts de 17 mètres, sont surmontés de majestueux pégases cabrés tenus par des renommées en bronze doré. A leur base, des statues de femmes assises, en pierre, symbolisent la France à différentes périodes de son histoire.

● Rive droite (côté Champs-Elysées). Pilier de gauche en regardant la Seine: au sommet, la *Renommée des arts,* par Emmanuel Frémiet; à la base, la *France de Charlemagne,* par Alfred Lenoir; à l'entrée de l'escalier qui descend sur le quai, lion en pierre, par Georges Gardet.

Pilier de droite: au sommet la *Renommée des sciences,* par Emmanuel Frémiet; à la base, la *France contemporaine,* par Gustave Michel; lion, par Georges Gardet.

● Rive gauche. Pilier de gauche (en regardant les Invalides): au sommet, la *Renommée du commerce,* par Pierre Granet; à la base, la *France de la Renaissance,* par Jules Coutan; lion en pierre, par Jules Dalou.

Pilier de droite: au sommet, la *Renommée de l'industrie,* par Clément Steiner, achevée par Eugène Gantzlin; à la base, la *France de Louis XIV,* par Laurent Marqueste; lion, par Jules Dalou. Les proues de galères, les cartouches et la décoration de ces quatre pylônes sont dus au sculpteur Abel Poulin.

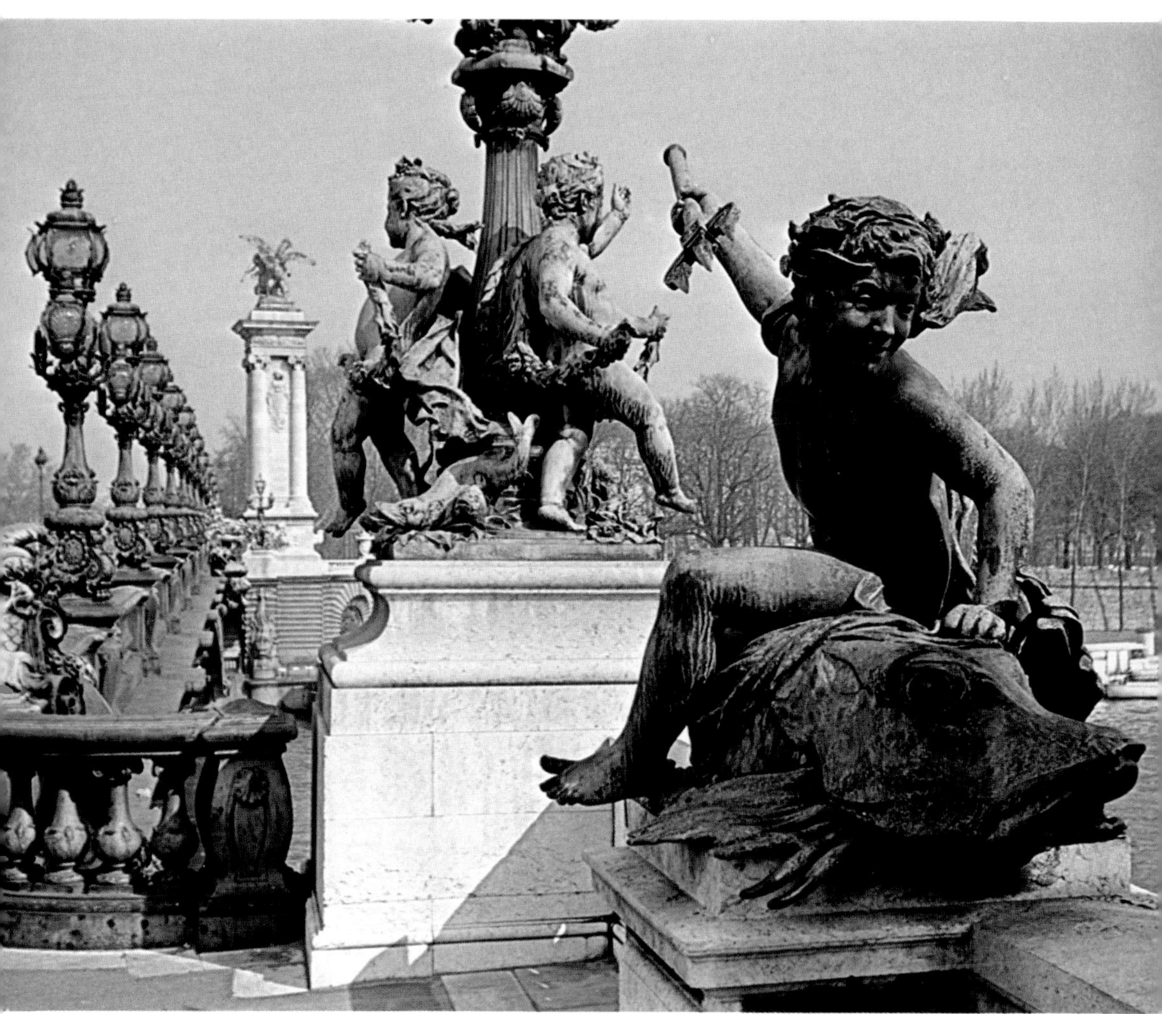

L'opulence du début du 20e siècle caractérise la décoration du pont Alexandre III inauguré en 1900. Au premier plan, le génie au dauphin est dû au sculpteur André Massoulle et le candélabre entouré d'amours, à Henri Gauquié. Au fond apparaît un des hauts piliers que couronne la Renommée des arts, par Frémiet.

Pont Alexandre III: génie au dauphin, par Massoulle.

Pont Alexandre III: lion, par Dalou.

● Le tablier du pont est surchargé de motifs décoratifs, puisés en grande partie dans la flore et la faune marine, par Abel Poulin. Il est en outre orné en son centre de deux vastes compositions en cuivre martelé. En amont (Concorde), les *Nymphes de la Seine avec les armes de Paris,* en aval (Alma), les *Nymphes de la Néva avec les armes de la Russie,* toutes deux par Georges Récipon, l'auteur des quadriges du Grand-Palais.

Au pied des pylônes, sur le parapet du pont, figurent quatre groupes également en cuivre martelé représentant des *Génies avec des poissons ou des coquillages,* par Léopold Morice (rive droite), et André Massoulle (rive gauche). Les quatre candélabres monumentaux entourés d'amours sont dus à Henri Gauquié.

GRAND-PALAIS
AVENUE WINSTON-CHURCHILL (N)

Inaugurée dans un joyeux désordre le 1er mai 1900, cette immense construction a été élevée sous la direction de l'architecte Girault. Certains critiques de l'époque estimaient qu'une trop large place avait été faite à la sculpture. D'autres au contraire firent écho à l'admiration du public «toujours sensible aux belles formes nues ou drapées avec art». Il s'agit en tout cas, avec le Petit-Palais qui lui fait face et le pont Alexandre III voisin, du témoin le plus caractéristique de l'art officiel français vers 1900.

● Au centre de la façade principale, le vaste porche, haut de vingt mètres, est flanqué de deux avant-corps que surmontent des groupes monumentaux en pierre. A gauche, l'*Art,* par Raoul Verlet, flanqués des statues du *Théâtre* et du *Dessin,* par Auguste Seysses; à droite, la *Paix,* par Henri Lombard, entourée des statues de l'*Industrie* et de l'*Agriculture,* par Henri Greber.

A la base des avant-corps, deux autres groupes en pierre, d'une incontestable envolée lyrique, représentent, à gauche, l'*Art et la nature* ou la *Sculpture,* par

Grand-Palais: Quadrige, par Récipon.

Paul Gasq; à droite, l'*Inspiration* ou la *Peinture,* par Alfred Boucher.

A la base des colonnes du porche: frise d'enfants et d'animaux par, de gauche à droite, Antonin Carlès, Camille Lefèvre, Alphonse Cordonnier et Jules-Jacques Labatut.

● Colonnade à gauche du porche. Entre les colonnes sont disposées quatre statues en pierre de femmes assises qui symbolisent (en partant du porche central): l'*Art romain,* par Louis Clausade, l'*Art grec,* par Michel Béguine, l'*Art égyptien,* par Auguste Suchetet, l'*Art asiatique,* par Georges Bareau.

● A l'angle du cours la Reine, de part et d'autre de l'escalier: à gauche, l'*Art industriel,* par Jacques Villeneuve; à droite, l'*Art décoratif,* par Emile Lafond.

Au sommet, quadrige colossal d'une étonnante audace et de grande allure (en dépit du char placé à l'envers), l'*Harmonie dominant la discorde,* exécuté en cuivre martelé par Georges Récipon.

● Colonnade à droite du porche. Entre les colonnes, de gauche à droite: l'*Art du Moyen Age,* par Edgar Boutry, l'*Art de la Renaissance,* par Joseph Enderlin, l'*Art du 18e siècle,* par Hippolyte Lefèvre, l'*Art contemporain,* par Félix Charpentier.

● Au sommet du pavillon d'angle, côté Champs-Elysées: quadrige colossal en cuivre martelé, l'*Immortalité devançant le temps,* par Georges Récipon.

● Façade latérale nord, côté Champs-Elysées. Le perron qui donne accès aux Galeries nationales du Grand-Palais est surmonté d'un bas-relief: les *Arts et les sciences rendant hommage au nouveau siècle,* par Henri Theunissen.

Au-dessus de la balustrade, deux groupes mouvementés symbolisent: à droite, l'*Aurore,* par Félix Soulès; à gauche, la *Nuit,* par François Sicard.

● Au centre du jardin qui précède cette façade, un bassin est décoré d'un ensemble de sculptures d'une exubérance typiquement «1900». Cette œuvre, la *Seine et ses affluents,* exécutée par Raoul Larche en 1910, était primitivement destinée aux Jardins du Carrousel.

A proximité, monument à *Jean Perrin,* avec médaillon en bronze par Josette Hébert-Coëffin.

● Façade occidentale sur l'avenue Franklin-D.-Roosevelt. Le grand porche central est couronné de quatre groupes allégoriques en pierre: la *Poésie et la Musique,* par Raoul Larche, l'*Histoire et la Peinture,* par Jules Thomas, l'*Architecture et la Science,* par Henri Cordier, la *Sculpture et la Gravure,* par Jules Blanchard.

Au pied du grand escalier se dressent deux majestueux groupes équestres en bronze: à gauche, la *Science en marche en dépit de l'Ignorance,* par un élève de Falguière, Victor Peter, à droite, l'*Inspiration guidée par la Sagesse,* par Falguière.

Les grands bas-reliefs qui surmontent ces deux groupes ainsi que les angelots chevauchant des lions qui flanquent l'escalier, ont été sculptés avec

Grand-Palais: lion et angelot par Germain.

beaucoup de finesse par Gustave Germain.

● De part et d'autre du porche, les deux colonnades abritent une longue frise en bas-relief exécutée en grès cérame polychrome. Cette composition, d'une grande rigueur académique, représente l'*Art à travers les âges,* d'après les cartons de Joseph Blanc.

● Aux deux extrémités de cette façade, devant d'élégants bas-reliefs des mêmes sculpteurs, s'élèvent deux groupes allégoriques en pierre: la *Musique* (à gauche), par Tony Noël et les *Arts plastiques* (à droite), par André Allar.

PLACE DU CANADA (O)

Dans les jardins tracés au pied du Grand-Palais, buste en bronze de *Jacques Cartier,* exécuté par Léon Drivier en 1934, à l'occasion du quatrième centenaire de la découverte du Canada. Triste monument à *Alfred de Musset,* par Alphonse Moncel (1910). Monument au poète *Armand Silvestre,* par Antonin Mercié (1905).

PONT DES INVALIDES (P)

La pile centrale de ce pont construit en 1854 est ornée de deux groupes allégoriques. En amont: la *Victoire terrestre,* par Victor Vilain; en aval, la *Victoire maritime,* par Georges Diebolt, l'auteur du zouave du pont voisin de l'Alma. Les trophées des autres piles ont été sculptés par A.S. Bosio.

CHAPELLE NOTRE-DAME-DE-LA-CONSOLATION 23, RUE JEAN-GOUJON (Q)

Petit édifice construit en 1900 à la mémoire des victimes de l'incendie du bazar de la Charité, situé à cet emplacement. La statuaire de la façade est due au sculpteur Horace Daillion.

PLACE FRANÇOIS-Ier (Q)

Fontaine en pierre de Davioud, érigée à l'origine, en 1865, place de la Madeleine (son pendant se trouve place Santiago-du-Chili (7e arrt.).

COURS ALBERT-Ier (R)

Monument à Adam Mickiewicz, par Antoine Bourdelle, offert par la Pologne à la ville de Paris. Cette colonne, à la gloire du grand poète et patriote polonais, se trouvait primitivement au centre de la place de l'Alma où elle avait été inaugurée en 1929. Elle est ornée de bas-reliefs en bronze et, au sommet, d'une statue du poète exilé. Le modelé simple et vigoureux des sculptures de Bourdelle reste très supérieur au parti architectural, également dû au célèvre sculpteur.

PLACE DE L'ALMA (S)

A l'entrée du cours Albert-Ier: la *Seine,* figure couchée, en bronze, par Gérard Choain (1962).

A l'angle de l'avenue Montaigne (place de la Reine-Astrid): *Monument de la reconnaissance de la Belgique à la France,* groupe en pierre, par de Rudder, inauguré en 1923.

THÉATRE DES CHAMPS-ÉLYSÉES AVENUE MONTAIGNE (T)

Ce monument, remarquable d'équilibre et de logique et très en avance sur son temps, a été élevé en 1913 par Auguste et Gustave Perret sur un projet initial de l'architecte belge Van de Velde. Le sculpteur Antoine Bourdelle a fourni, pour la façade, de nombreux dessins. Il est en outre l'auteur des hauts-reliefs en marbre qui la décorent et s'y inscrivent harmonieusement.

Au sommet, trois grandes compositions représentent, au centre la *Méditation d'Apollon* et, sur les côtés, les *Muses* qui accourent vers lui.

Au rez-de-chaussée, cinq métopes surmontent les portes des corps latéraux, deux à gauche; la *Sculpture* et la *Musique;* trois à droite en pan coupé: la *Tragédie,* la *Comédie,* la *Danse.*

L'œuvre de Bourdelle fut diversement appréciée au moment de l'inauguration du théâtre en 1913. Paul Jamot, dans la *Gazette des Beaux-Arts,* en soulignait les qualités: «Les attitudes, rigides ou violentes, s'équilibrent et le mouvement devient une sorte d'expression lyrique», mais il regrette que l'Apollon central, traité avec rudesse, rappelle une certaine mode germanique plutôt que l'archaïsme grec.

Théâtre des Champs-Elysées: la Musique, par Bourdelle.

PONT DE L'ALMA (U)

Le nouveau pont, commencé en 1970, remplace le pont primitif en pierre qui datait de 1856. Sur les piles de ce dernier figuraient quatre statues de militaires des différentes armes qui avaient participé, en 1854 à la victoire de l'Alma, en Crimée, remportée par les Franco-Anglais sur les Russes. Seul le célèbre zouave, sculpté avec un grand souci des détails par Georges Diebolt, a été replacé, à la même hauteur, sur la nouvelle construction et continuera de servir d'«échelle de crue» aux Parisiens.

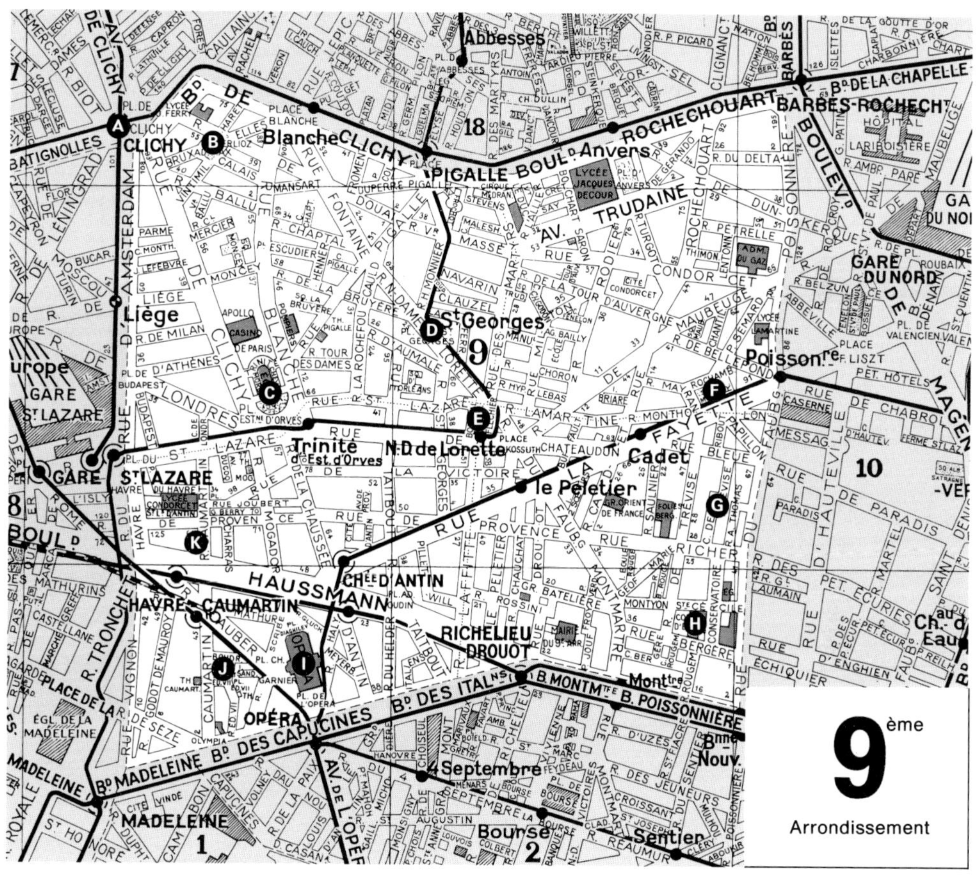
9ème
Arrondissement
Abbesses
Blanche
Pigalle
Anvers
Barbès-Rochech^t
Clichy
Liège
St Georges
Trinité d'Est. d'Orves
N.D de Lorette
Cadet
le Peletier
Poisson^re
Gare St Lazare
Havre-Caumartin
Ch^ée d'Antin
Richelieu Drouot
Opéra
4 Septembre
Bourse
Sentier
Madeleine
Gare du Nord
Bd. de Clichy
Boul^d Rochechouart
Bd de la Chapelle
Av. Trudaine
Rue La Fayette
Haussmann
Bd des Capucines
Bd des Ital^ns
B. Montm^tre
B. Poissonnière
Bd Madeleine
Rue d'Amsterdam
Rue St Lazare
Rue de Londres
Rue de Provence
Rue de Châteaudun
Rue de Maubeuge
Rue de Paradis
Rue de Chabrol
Rue des Martyrs
Rue Blanche
Rue de Clichy
Rue Lamartine
Rue de Trévise
Rue Richer
Rue Bergère
Rue du Faubg Montmartre
Rue Lafayette
Rue Mogador
Rue de la Chaussée d'Antin
Lycée Jacques Decour
Lycée Condorcet
Lycée Lamartine
Casino de Paris
Folies Berg.
Mairie du 9e Arr.
Hôpital Lariboisière
Place Pigalle
Place Blanche
Place Kossuth
Place de l'Opéra
Égl. de la Madeleine
9
18
10
8
1
2
A
B
C
D
E
F
G
H
I
J
K

PLACE CLICHY (A)

Monument au maréchal Moncey, groupe en bronze élevé en 1870 par le sculpteur Amédée Doublemard à la mémoire des invalides et des gardes nationaux qui défendirent, le 30 mars 1814, la barrière de Clichy contre les Russes, sous les ordres du maréchal Moncey. Sur un piédestal haut de 8 mètres, la *Ville de Paris* se tient derrière le maréchal, tandis qu'un élève de l'Ecole polytechnique tombe sur l'affût d'un canon.

Le piédestal est orné de trois bas-reliefs en pierre, également par Doublemard, qui représentent le *Combat de la barrière de Clichy,* la *Patrie en deuil* et le *Patriotisme.*

SQUARE HECTOR BERLIOZ (B)

Statue en pierre du célèbre compositeur *Hector Berlioz,* sculptée par Georges Saupique en 1948. Elle remplace un bronze d'Alfred Lenoir, fondu pendant la dernière guerre.

ÉGLISE DE LA TRINITÉ
PLACE D'ESTIENNE-D'ORVES (C)

Edifice typiquement second Empire, élevé par Théodore Ballu de 1861 à 1867.

● Au pied de la façade, dans le square, trois fontaines sont surmontées de statues en marbre. Au centre, la *Charité* représentée par un groupe de trois figures; à gauche, la *Foi;* à droite, l'*Espérance.* Ces œuvres ont été sculptées par Eugène Lequesne après la mort de Francisque Duret (1865) qui en avait fourni les modèles.

● La façade de l'église est ornée, dans des niches, de seize statues de saints personnages exécutés par Mathurin Moreau, Eugène Aizelin, Eugène Guillaume, Henri Maniglier, Amédée Doublemard, Pierre Loison.

● Sur la balustrade sont placés quatre groupes en pierre. A gauche, la *Justice,* par Pierre Cavelier et, au second plan, la *Prudence,* par Gustave Crauk; à droite, la *Force,* par Jacques Maillet et, au second plan, la *Tempérance,* œuvre peu connue de Jean-Baptiste Carpeaux. Il s'agit en fait de copies qui ont remplacé les œuvres originales en 1924.

PLACE SAINT-GEORGES (D)

Monument à Gavarni. Jadis au centre d'un bassin, cette œuvre, exécutée par Denys Puech en 1904, présente, curieusement sculptés autour du socle, les personnages décrits par le célèbre dessinateur: la *Jolie modiste* et le *Séduisant rapin,* le *Débardeur* et *Arlequin,* la *Misère* et la *Résignation.*

ÉGLISE NOTRE-DAME-DE-LORETTE
18, RUE DE CHATEAUDUN (E)

La façade de cette église construite de 1823 à 1836 par Hippolyte Lebas, est couronnée d'un fronton où figurent les *Anges adorant l'Enfant Jésus que leur présente la Vierge,* sculpté par Charles Lebœuf-Nanteuil.

Au-dessus du fronton s'élèvent les allégories de la *Charité* (au centre), par Charles Laitié, de l'*Espérance* (à gauche), par Philippe Lemaire, et de la *Foi* (à droite), par Denis Foyatier.

SQUARE MONTHOLON (F)

La Sainte-Catherine, groupe en pierre de Julien Lorieux (1908), dédié à l'ouvrière parisienne.

Place St-Georges: monument à Gavarni, par Puech.

Notre-Dame de Lorette: fronton par Lebœuf-Nanteuil.

CITE TRÉVISE (G)

Fontaine en pierre ornée d'un groupe de trois femmes supportant la vasque supérieure, d'après Fransisque Duret (milieu du 19e siècle).

BANQUE NATIONALE DE PARIS
14, RUE BERGÈRE (H)

Au centre de la grande arcade: statue colossale de la *Prudence*. De chaque côté du fronton, deux figures de femmes assises: la *Finance* et le *Commerce*. Ces trois œuvres ont été sculptées par Aimé Millet en 1882.

OPÉRA
PLACE DE L'OPÉRA (I)

Cette majestueuse construction, la plus représentative de l'architecture et de la sculpture du Second Empire à Paris, a été élevée de 1861 à 1875 par Charles Garnier, lauréat d'un concours qui avait réuni cent soixante et onze projets. Tous les sculpteurs en renom de l'époque ont participé à sa décoration, d'une luxuriance très caractéristique.

● Grande façade flanquée de deux avants-corps ornés au rez-de-chaussée de quatre groupes monumentaux en pierre de 3 m 30 de haut.

Avant-corps de gauche: à gauche, l'*Harmonie,* par

9

Opéra: statues de la façade; la Danse, d'après Carpeaux; l'Harmonie (détail d'un groupe en bronze doré), par Gumery.

François Jouffroy; à droite, la *Musique instrumentale,* par Eugène Guillaume.

Avant-corps de droite: à gauche, la *Danse,* par Jean-Baptiste Carpeaux; à droite, le *Drame lyrique,* par Jean Perraud.

La *Danse,* de Carpeaux, éblouissante de vie et de mouvement, surclasse de très loin les autres groupes. Universellement célèbre, elle a dû être mise à l'abri au Musée du Louvre en 1964 et remplacée par une copie scrupuleuse du sculpteur Paul Belmondo. Au moment de son exécution, en 1869, ce groupe souleva de multiples polémiques. Les nombreux adversaires du sculpteur criaient à l'indécence. Un arrêté ministériel décida le transfert de la *Danse* à l'intérieur de l'Opéra et son remplacement par une œuvre commandée à Gumery. La guerre de 1870 ne permit pas, heureusement, cette substitution.

Entre les arcades de la partie centrale, quatre statues allégoriques en pierre: de gauche à droite, l'*Idylle,* par Eugène Aizelin, la *Cantate,* par Henri Chapu, le *Chant,* par Paul Dubois et Jules Vatinelle, le *Drame,* par Alexandre Falguière.

Au-dessus de ces statues figurent quatre médaillons en bas-reliefs contenant des profils de musiciens, par Charles Gumery.

Au premier étage, la grande loggia (colonnes en pierre de Bavière, balustrade en marbre vert de

Suède, colonnettes en marbre fleur de pêcher à chapiteaux de bronze), est surmontée d'œils-de-bœuf, garnis de bustes de musiciens en bronze doré (H 1 m 30), par Félix Chabaud (les cinq du centre) et Victor Evrard.

Le fronton de l'avant-corps de gauche est sculpté d'un bas-relief, l'*Architecture et l'industrie*, par Jean Petit. Celui de l'avant-corps de droite symbolise la *Peinture et la sculpture*, par Théodore Gruyère.

Sur l'attique sont placés quatre groupes de figures ailées, en pierre, par Louis Villeminot. La corniche se compose de cinquante-trois masques tragiques et comiques en bronze doré, d'après l'antique, dernières œuvres du sculpteur Jean-Baptiste Klagmann.

La façade est couronnée par deux groupes monumentaux en bronze doré (H 7 m 50): à gauche, l'*Harmonie;* à droite la *Poésie*, par Charles Gumery.

● Sur le grand pignon de la scène, qui apparaît au-dessus de la façade, se dressent trois groupes en bronze doré. Au sommet: *Apollon, élevant sa lyre, avec la poésie et la musique*, par Aimé Millet. De chaque côté, des *Pégases*, par Eugène Lequesne.

● Façade latérale ouest (à gauche, côté rue Aubert et rue Scribe). Au second étage, douze niches circulaires contiennent des bustes de musiciens, en pierre, par Adolphe Itasse et Séraphin Dénécheaux.

Aux deux extrémités, les avant-corps comportent chacun un fronton sculpté. Celui de gauche représente le *Chant et la poésie*, par Jean-Baptiste Cabet; celui de droite, la *Musique et la danse*, par Auguste Ottin.

Au centre, le pavillon circulaire s'ouvre sur deux rampes en fer à cheval par des portiques flanqués de cariatides en pierre de Mathurin Moreau (portique de gauche) et d'Elias Robert (portique de droite). Au-dessus, frontons aux armes impériales par Pierre Travaux et Joseph Pollet.

Devant ce pavillon, *Monument à Charles Garnier*, l'architecte de l'Opéra; son buste en bronze doré, d'après Carpeaux (1903) surmonte les figures couchées du *Travail* et de l'*Avenir*, par Jules Thomas.

Deux grandes colonnes rostrales en granit d'Ecosse, marquent l'entrée des rampes. Elles supportent des *aigles aux ailes déployées*, en bronze, par Alfred Jacquemart. La balustrade qui précède la façade est ornée de quatre statues en bronze formant lampadaires, par Félix Chabaud.

● Façade latérale est (à droite, côté rue Halévy et rue Meyerbeer). A l'étage, douze bustes en pierre de musiciens, par Joseph Walter et Léon Bruyer.

Les frontons des avant-corps situés aux deux extrémités représentent: à gauche, la *Comédie et le Drame*, par Noël Girard; à droite, *la Science et l'Art*, par Henri Maniglier.

Au centre, les frontons du pavillon circulaire sont sculptés de figures à demi couchées qui symbolisent: à gauche, les *Heures du soir* par François Truphème; à droite, le *Travail et le Plaisir*, par Hyacinthe Sobre.

La balustrade qui précède cette façade est surmontée de colonnes rostrales et de dix-huit statues-lampadaires en bronze, de deux modèles différents: l'*Etoile du matin* et l'*Etoile du soir*, par Félix Chabaud.

● Façade postérieure (côté boulevard Haussmann). Au centre du pignon: deux grands masques en pierre, la *Tragédie* et la *Comédie* et une tête colossale de *Minerve* (H 5 m), par Félix Chabaud.

PLACE ÉDOUARD-VII (J)

Statue équestre, en bronze, du roi d'Angleterre, *Edouard VII*, par Paul Landowski (1913).

SQUARE DE L'OPÉRA-LOUIS-JOUVET (J)

Le poète chevauchant Pégase, groupe en bronze exécuté par Alexandre Falguière en 1897.

9 MAGASINS DU PRINTEMPS RUE DU HAVRE ET BOULEVARD HAUSSMANN (K)

● La façade sur la rue du Havre des anciens magasins, bâtis en 1882, est ornée de souples et élégantes statues des saisons: de gauche à droite, l'*Automne,* l'*Eté,* le *Printemps,* l'*Hiver,* par Henri Chapu.

● Les nouveaux magasins, construits en 1907, restaurés après l'incendie de 1921, sont décorés, à l'angle du boulevard Haussmann et de la rue Caumartin, de quatre gracieuses figures allégoriques, par Anatole Guillot (1910). Sur la rotonde opposée, à l'angle de la rue Charras, quatre autres figures allégoriques ont été sculptées par Henry Bouchard dans le style «art déco» des années 1925.

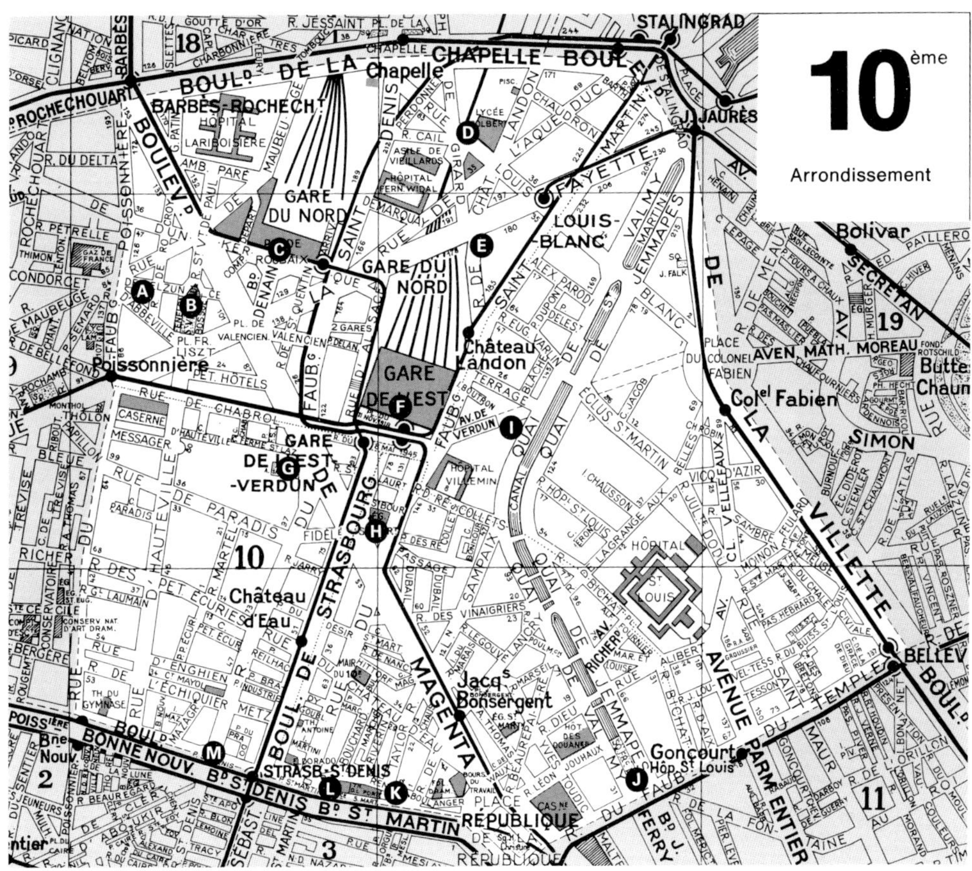
10ème
Arrondissement
STALINGRAD
BOULD. DE LA CHAPELLE
Chapelle
CHAPELLE BOULD.
BARBÈS-ROCHECHT
ROCHECHOUART
HÔPITAL LARIBOISIÈRE
J. JAURÈS
LYCÉE COLBERT
ASILE DE VIEILLARDS
HÔPITAL FERN. WIDAL
GARE DU NORD
LOUIS-BLANC
R. DU DELTA
R. PETRELLE
CONDORCET
GAZ DE FRANCE
PL. DE ROUBAIX
Bolivar
SECRETAN
GARE DU NORD
Château Landon
PL. FR. LISZT
PET. HÔTELS
Poissonnière
PL. DE VALENCIEN.
2 GARES
GARE DE L'EST
PLACE DU COLONEL FABIEN
AVEN. MATH. MOREAU
Buttes Chaum
19
Colel Fabien
RUE DE CHABROL
CASERNE
AV. DE VERDUN
GARE DE L'EST-VERDUN
RUE DE PARADIS
HÔPITAL VILLEMIN
QUAI DE VALMY
QUAI DE JEMMAPES
CANAL
10
Château d'Eau
BOULD DE STRASBOURG
BD DE MAGENTA
RUE DU FAUB. ST DENIS
HÔPITAL ST LOUIS
AVENUE PARMENTIER
BOULD DE LA VILLETTE
BELLEV
Jacqs Bonsergent
Goncourt
Hôp. St Louis
Bne Nouv.
BOULD BONNE NOUV.
STRASB-ST DENIS
BD ST DENIS
BD ST MARTIN
RÉPUBLIQUE
PLACE RÉPUBLIQUE
CASNE
2
3
11
A
B
C
D
E
F
G
H
I
J
K
L
M

14, RUE D'ABBEVILLE (A)

Sur la façade d'un immeuble bâti en 1901 est plaqué un hallucinant décor végétal et animal en grès émaillé, particulièrement caractéristique des déchaînements expressionnistes de l'«Art nouveau».

L'immeuble voisin (nº 16), également du début du siècle, représente une tendance plus classique avec ses quatre monumentales figures en pierre sculptée.

ÉGLISE SAINT-VINCENT-DE-PAUL PLACE FRANZ-LISZT (B)

Construite de 1824 à 1844, cette église est surmontée d'un large fronton de 17 mètres de large, sculpté en bas-relief, l'*Apothéose de saint Vincent de Paul,* par Charles Lebœuf-Nanteuil.

Sur la balustrade figurent les statues des quatre évangélistes: *Saint Mathieu,* par Denis Foyatier, *Saint Marc,* par Louis Brian, *Saint Luc,* par Jean Barre, *Saint Jean,* par Achille Valois. Contre les tours dans des niches: statues de *Saint Pierre* (à gauche) et de *Saint Paul,* par Jules Ramey.

La porte centrale est ornée des statuettes en bronze des *douze apôtres,* par Jean-Baptiste Farochon.

GARE DU NORD PLACE DE ROUBAIX (C)

Œuvre capitale de l'architecte Hittorf, achevée en 1867. Le bâtiment central est surmonté de neuf statues en pierre qui représentent la *Ville de Paris* (au sommet), par Pierre Cavelier, entourée de huit villes étrangères desservies par le réseau du nord. De gauche à droite: *Francfort,* par Jules Thomas, *Amsterdam,* par Charles Gumery, *Varsovie* et *Bruxelles,* par François Jouffroy, puis *Londres* et *Vienne,* par Jean-Louis Jaley, *Berlin,* par Jean Perraud, *Cologne,* par Mathurin Moreau.

Devant les verrières sont disposées quatorze statues de villes françaises. De gauche à droite: *Boulogne* et *Compiègne,* par Pierre Cavelier, *Saint-Quentin* et *Cambrai,* par Auguste Ottin, *Beauvais et Lille,* par Charles Lebœuf-Nanteuil, *Amiens et Rouen,* par Eugène Lequesne, *Arras* et *Laon,* par Théodore Gruyère, *Calais* et *Valenciennes,* par Philippe Lemaire, *Douai et Dunkerque,* par Gustave Crauk.

RUE LOUIS-BLANC (D)

Faune aux enfants, groupe en pierre par Yvonne Serruys (1929).

CARREFOUR LA FAYETTE-CHATEAU LANDON (E)

Maternité, groupe en pierre par Georges Vacossin (1931).

GARE DE L'EST RUE DU 8-MAI 1945 (F)

La partie gauche de la façade, bâtie en 1850, est dominée par la statue allégorique, en pierre, de *Strasbourg,* sculptée par Philippe Lemaire, la partie droite, élevée en 1931, par la statue de *Verdun,* œuvre de Henri Varenne. Devant la gare: *La Sieste transparente,* sculpture – fontaine en cristal de Baccarat, par Michèle Blondel (1988).

Théâtre de la Renaissance: cariatides par Carrier-Belleuse.

SQUARE ALBAN-SATRAGNE (G)

Stèle en granite avec médaillon de *saint Vincent-de-Paul,* en bronze, par Josette Hébert-Coëffin (1974).

ÉGLISE SAINT-LAURENT
68*bis,* BOULEVARD DE STRASBOURG (H)

La façade reconstruite en 1862 est ornée de diverses statues, parmi lesquelles au trumeau, un *Christ bénissant,* d'Aimé Perrey.

SQUARE SAINT-LAURENT (H)

Deux groupes en pierre: *Frère et sœur,* par Albert Lefeuvre (1897) et *Réconciliation,* par Elie Vézien (1935).

Porte Saint-Denis: sculptures par Michel Anguier.

PLACE RAOUL-FOLLEREAU (I)

Statue en bronze, à mi-corp, de *Raoul Follereau*, par Philippe Kæppelin (1984).

SQUARE FRÉDÉRIC-LEMAITRE (J)

Buste en marbre de *Frédéric Lemaitre* par Pierre Granet (1898).

RUE RENÉ-BOULANGER (K)

N° 54: immeuble de 1772 orné de quatre charmants bas-reliefs symbolisant les saisons. Il s'agit de moulages des œuvres originales sculptées par Clodion. A l'angle du boulevard Saint-Martin, buste en pierre de *Johann Strauss* (1980).

THÉATRE DE LA PORTE-SAINT-MARTIN BOULEVARD SAINT-MARTIN (L)

Toutes les sculptures de ce théâtre – cariatides, frontons, têtes et masques – ont été exécutées en 1875 par Jacques Chevalier.

THÉATRE DE LA RENAISSANCE BOULEVARD SAINT-MARTIN (L)

Façade surchargée d'ornements, élevée en 1873. Le balcon est supporté par quatre groupes de gracieuses cariatides sculptées par Carrier-Belleuse.

PORTE SAINT-MARTIN BOULEVARD SAINT-MARTIN (L)

Cet arc de triomphe, haut de 17 mètres, a été élevé en 1674 par l'architecte Pierre Bullet en même temps que les anciens remparts faisaient place à une ceinture de boulevards.

De part et d'autre de l'arcade centrale figurent quatre bas-reliefs dans le goût antique. Ils commémorent les victoires de Louis XIV.

● Façade sud, sur les boulevards: à gauche, la *Rupture de la Triple Alliance;* à droite, la *Prise de Besançon,* par Martin Desjardins et Marsy.

● Façade nord, côté rue du Faubourg-Saint-Martin: à gauche, la *Défaite des Allemands;* à droite, *la Prise de Luisbourg,* par Etienne Le Hongre et Pierre Legros père.

PORTE SAINT-DENIS BOULEVARD SAINT-DENIS (M)

Bâtie en 1672 par François Blondel, cette porte triomphale (H 25 m), constitue une interprétation originale de l'arc de triomphe romain. Toute l'ornementation sculptée, exécutée à partir de 1774 par Michel Anguier d'après les dessins de Le Brun, commémore les victoires de Louis XIV en Allemagne.

● Les deux hautes pyramides, de chaque côté de l'arcade centrale, sont ornées (côté boulevards) de trophées d'armes monumentaux qui surmontent une figure symbolique. A gauche, la *Hollande,* sous les traits d'une «femme affligée assise sur un lion à demi mort» (François Blondel); à droite, le *Rhin,* représenté par «un fleuve étonné».

Au-dessus de l'arcade, un vaste bas-relief décrit, avec une grande noblesse de style, le *Passage du Rhin.*

● La façade nord, sur la rue du Faubourg-Saint-Denis, est ornée, sur les côtés, de trophées, de palmiers et de lions couchés et, au-dessus de l'arcade, d'un grand bas-relief parfaitement composé: la *Prise de Maestricht.*

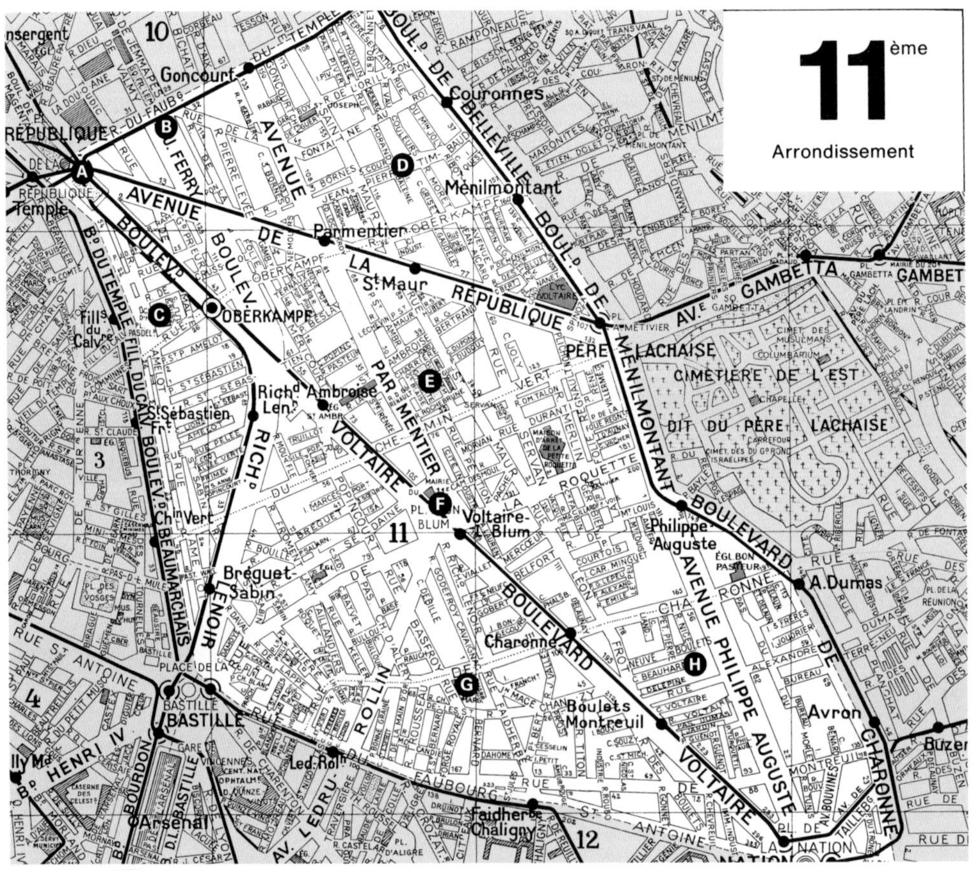
11ème
Arrondissement
10
Goncourt
Couronnes
Ménilmontant
République
Temple
Parmentier
St Maur
OBERKAMPF
Père Lachaise
CIMETIÈRE DE L'EST
DIT DU PÈRE LACHAISE
AV. GAMBETTA
GAMBETTA
Richd Lenr
St Ambroise
St Sébastien Frt
Filles du Calvre
Chin Vert
3
Bréguet-Sabin
11
Voltaire L. Blum
Philippe Auguste
A. Dumas
Charonne
Boulets Montreuil
Avron
4
BASTILLE
PLACE DE LA BASTILLE
Arsenal
Led. Rolin
Faidherbe Chaligny
12
AVENUE DE LA RÉPUBLIQUE
BOULEVARD VOLTAIRE
AVENUE PARMENTIER
BOULD DE BELLEVILLE
BOULD DE MÉNILMONTANT
BOULEVARD DE CHARONNE
AVENUE PHILIPPE AUGUSTE
BD DU TEMPLE
BOULEVD RICHD LENOIR
BOULEVD BEAUMARCHAIS
RUE ST ANTOINE
BD HENRI IV
RUE DU FAUBOURG ST ANTOINE
AV. LEDRU ROLLIN
PL. DE LA NATION
A
B
C
D
E
F
G
H

Monument à la République, par Morice: le Serment du Jeu de Paume.

Monument à la République, par Morice: la Prise de la Bastille.

MONUMENT A LA RÉPUBLIQUE PLACE DE LA RÉPUBLIQUE (A)

Inauguré le 14 juillet 1883, ce monument a été préféré à un certain nombre d'autres projets parmi lesquels celui de Dalou, réalisé depuis place de la Nation. L'emplacement de la place du Château-d'Eau, devenue place de la République, n'avait été choisi qu'en 1878 après de longues discussions au Conseil municipal. La place de la Concorde, les Tuileries, la place de l'Hôtel-de-Ville y possédaient aussi leurs partisans.

La statue en bronze de la *République,* solennelle et quelque peu figée (H 9 m50), est due, comme toute la sculpture du monument, à Léopold Morice.

Autour du piédestal, trois grandes figures assises en pierre symbolisent la *Liberté,* qui porte une torche, l'*Egalité,* qui brandit le drapeau de 1789, la *Fraternité,* assise sur une charrue.

Devant le socle circulaire marche un grand lion en bronze, haut de plus de 3 mètres. Tout autour douze hauts-reliefs, vivants et réalistes, relatent les principaux événements de la République: le *Serment du jeu de Paume* (20 juin 1789), la *Prise de la Bastille* (14 juillet 1789), l'*Abandon des privilèges* (4 août 1789), la *Fête de la Fédération* (14 juillet 1790), la *Patrie en danger* (juillet 1792), la *Bataille de Valmy* (20 septembre 1792), l'*Abolition de la royauté* (21 septembre 1792), le *Vaisseau le Vengeur* (1er juin 1794), le *Peuple de Paris acclamant le drapeau tricolore* (29 septembre 1830), l'*Institution du suffrage universel* (4 mars 1848), le *Gouvernement de la défense nationale* (4 septembre 1870), la *fête nationale place de la République* (14 juillet 1880).

Ce monument remplace deux fontaines successives, la première transportée en 1869 au marché aux bestiaux, la seconde, remontée en 1884 sur l'actuelle place Félix-Eboué.

11

Cirque d'Hiver: Amazone, d'après Pradier.

SQUARE JULES-FERRY (B)

La Grisette de 1830, statue en pierre par Joseph Descomps (1911).

CIRQUE D'HIVER PLACE PASDELOUP (C)

Edifice bâti en 1852 par l'architecte Hittorf. La porte est flanquée de deux groupes équestres en bronze: une *Amazone,* d'après James Pradier, et un *Cavalier grec,* par A.-S. Bosio.

Autour du bâtiment, une frise en léger relief représente les *Jeux du cirque,* par Eugène Guillaume.

Dans le square, devant le cirque, fontaine en pierre avec portrait en médaillon de son donateur, *François Eugène Dejean,* architecte de la ville de Paris; la seule (d'une série de douze) réalisée en 1906 par Formigé.

94, RUE JEAN-PIERRE-TIMBAUD (D)

Le *Répit du travailleur,* statue en pierre, sculptée par Jules Pendaries (1925).

Le cirque d'Hiver, bâti sous le second Empire par Hittorf, est le dernier survivant des cirques parisiens. Il est entouré d'une frise sculptée par Eugène Guillaume, représentant des scènes pleines de vie et d'humour relatives aux Jeux du cirque.

SQUARE MAURICE-GARDET (E)

Le *Botteleur,* bronze par Jacques Perrin (1888).

PLACE LEON-BLUM (F)

Fontaine dite de la *Liberté,* constituée d'un encombrant haut-relief en bronze dû au sculpteur italien Marcello Tommasi (Florence 1978).

ÉGLISE SAINTE-MARGUERITE 36, RUE SAINT-BERNARD (G)

Les deux pignons du transept sont ornés d'élégants bas-reliefs exécutés au milieu du 18e siècle dans le goût des frères Slodtz. Au sud, du côté du square, la *Vierge et l'Enfant Jésus;* au nord, les *Pèlerins d'Emmaüs.*

SQUARE DE LA CITE BEAUHARNAIS RUE NEUVE-DES-BOULETS (H)

Curieuse horloge solaire entourée d'éléments d'architecture baroque en pierre calcaire de Bourgogne, par Daniel Bry (1985).

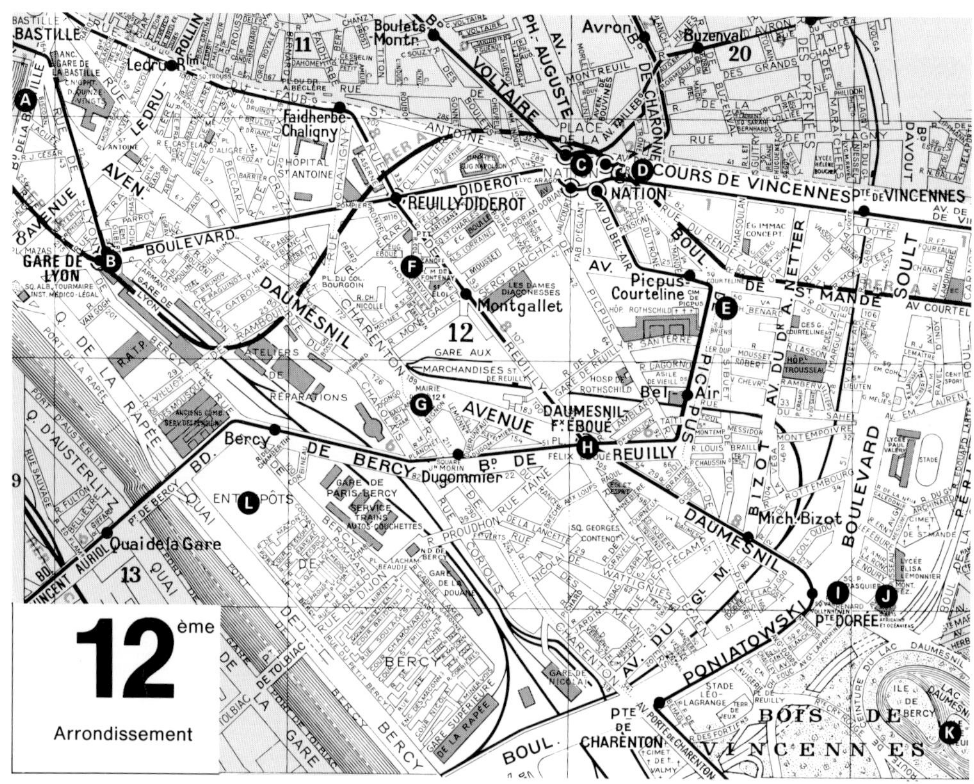
12ème
Arrondissement
BASTILLE
Ledru-Rlin
Faidherbe-Chaligny
Boulets Montr.
Avron
Buzenval
11
20
VOLTAIRE
PLACE DE LA NATION
NATION
COURS DE VINCENNES
Pte de VINCENNES
REUILLY-DIDEROT
BOULEVARD DIDEROT
HOPITAL St ANTOINE
GARE DE LYON
DAUMESNIL
Montgallet
12
Picpus-Courteline
BOUL DE St MANDÉ
GARE AUX MARCHANDISES
AVENUE DAUMESNIL
DAUMESNIL-Fx EBOUÉ
Bel-Air
Bd DE REUILLY
Bercy
BD. DE BERCY
Dugommier
Mich. Bizot
Quai de la Gare
ENTREPÔTS
GARE DE PARIS-BERCY
QUAI DE LA RAPÉE
BOULEVARD SOULT
PONIATOWSKI
Pte DORÉE
Pte DE CHARENTON
BOIS DE VINCENNES
LAC DAUMESNIL
13
A
B
C
D
E
F
G
H
I
J
K
L

Gare de Lyon: la Vapeur, par Charpentier.

Place de la Nation: le Triomphe de la République (détail), par Dalou.

PORT DE PLAISANCE DE L'ARSENAL BOULEVARD DE LA BASTILLE (A)

Jeune femme accroupie, en bronze, par Henry Arnold (1983).

GARE DE LYON 20, BOULEVARD DIDEROT (B)

Au sommet de la façade élevée en 1899, deux groupes monumentaux représentent, à gauche, la *Ville de Paris,* par Louis Beylard; à droite, le *Ville de Marseille,* par Emile Peynot.

A hauteur du premier étage, quatre bas-reliefs, d'esprit très «1900», symbolisent le triomphe de l'industrie et du commerce par les moyens de transports. De gauche à droite, la *Mécanique,* par Louis Baralis, la *Navigation* et la *Vapeur,* par Félix Charpentier, l'*Electricité,* par Paul Gasq.

LE TRIOMPHE DE LA RÉPUBLIQUE PLACE DE LA NATION (C)

Ce groupe en bronze, haut de onze mètres, exécuté par Jules Dalou, a été inauguré le 19 novembre 1899 après que son modèle en plâtre l'eut précédé durant une dizaine d'années.

Fière et majestueuse, la *République* se tient debout sur un char tiré par deux lions. Sur un des lions, le *Génie de la liberté* brandit un flambeau. De chaque côté, s'appuyant sur le char, s'avancent deux remarquables figures allégoriques: le *Travail,* personnifié par un robuste ouvrier, et la *Justice,* par une femme impassible. Derrière le char, la *Paix,* sous les traits d'une élégante et souple jeune fille, constitue sans doute le meilleur morceau de l'ensemble.

Bien qu'elle ait perdu la verve et le mouvement qui caractérisent les études préparatoires, cette œuvre, un peu solennelle, n'en reste pas moins empreinte d'une grande noblesse, en même temps que d'un esprit baroque hérité du siècle de Louis XIV. Conçue pendant l'exil du sculpteur en Angleterre, après la Commune, elle fut proposée pour la place de la République. Unanimement admirée, mais jugée non conforme au programme imposé pour le concours, la maquette fut néanmoins achetée par la ville de Paris, qui en commanda l'exécution pour la place de la Nation. Dalou ne mit pas moins de vingt ans pour venir à bout de cette entreprise considérable. La fonte seule, la plus importante réalisée au 19e siècle (le monument pèse 38 tonnes), demanda deux ans et demi de travail à la maison Thiébaut.

ANCIENNE BARRIÈRE DU TRONE AVENUE DU TRONE (D)

A côté des pavillons de Claude-Nicolas Ledoux, les deux hautes colonnes de 30 mètres de haut, commencées au 18e siècle, ont été décorées de sculptures à partir de 1844.

Au sommet, statue en bronze de *Philippe-Auguste* (à gauche en tournant le dos à la place de la Nation), par Antoine Etex, et de *Saint Louis* (à droite), par Augustin Dumont.

La base de ces colonnes est décorée de grandes figures ailées. Colonne de gauche: la *Justice,* par Pierre Simart et, sur l'autre face (côté cours de Vincennes), la *Paix,* par Antoine Desbœufs. Colonne de droite: l'*Abondance,* par Simart et, sur la face opposée, la *Victoire,* par Desbœufs.

SQUARE GEORGES-COURTELINE (E)

Buste en bronze de *Courteline* par Félix Benneteau (1935).

JARDIN DE L'ILOT SAINT-ELOI (F)

Bassin orné d'une *baleine,* élégante sculpture recouverte de mosaïque en pâte de verre polychrome, par Michel Le Corre (1982).

AVENUE DAUMESNIL (G)

Devant la mairie du 12e arrondissement, monument aux morts constitué d'une *Victoire* en bronze par Raphaël Hubert.

FONTAINE DE LA PLACE FÉLIX-EBOUÉ (H)

Elevée en 1869 sur les dessins de Gabriel Davioud au centre de la place du Château-d'Eau, aujourd'hui place de la République, criblée de balles au cours des derniers combats de la Commune en 1871, puis restaurée, cette fontaine monumentale a été transportée en 1884 à son emplacement actuel pour faire place à la statue de la République. Elle est entourée de huit lions assis, en bronze, œuvres d'Alfred Jacquemart. La vasque centrale est supportée par huit consoles en pierre ornées de têtes de femmes, par Louis Villeminot.

FONTAINE DE LA PORTE-DORÉE PLACE ÉDOUARD-RENARD (I)

Les bassins en gradins conçus par l'architecte Mazeline, sont dominés par une haute et hiératique figure en bronze doré de la *France,* sculptée par Léon Drivier en 1935.

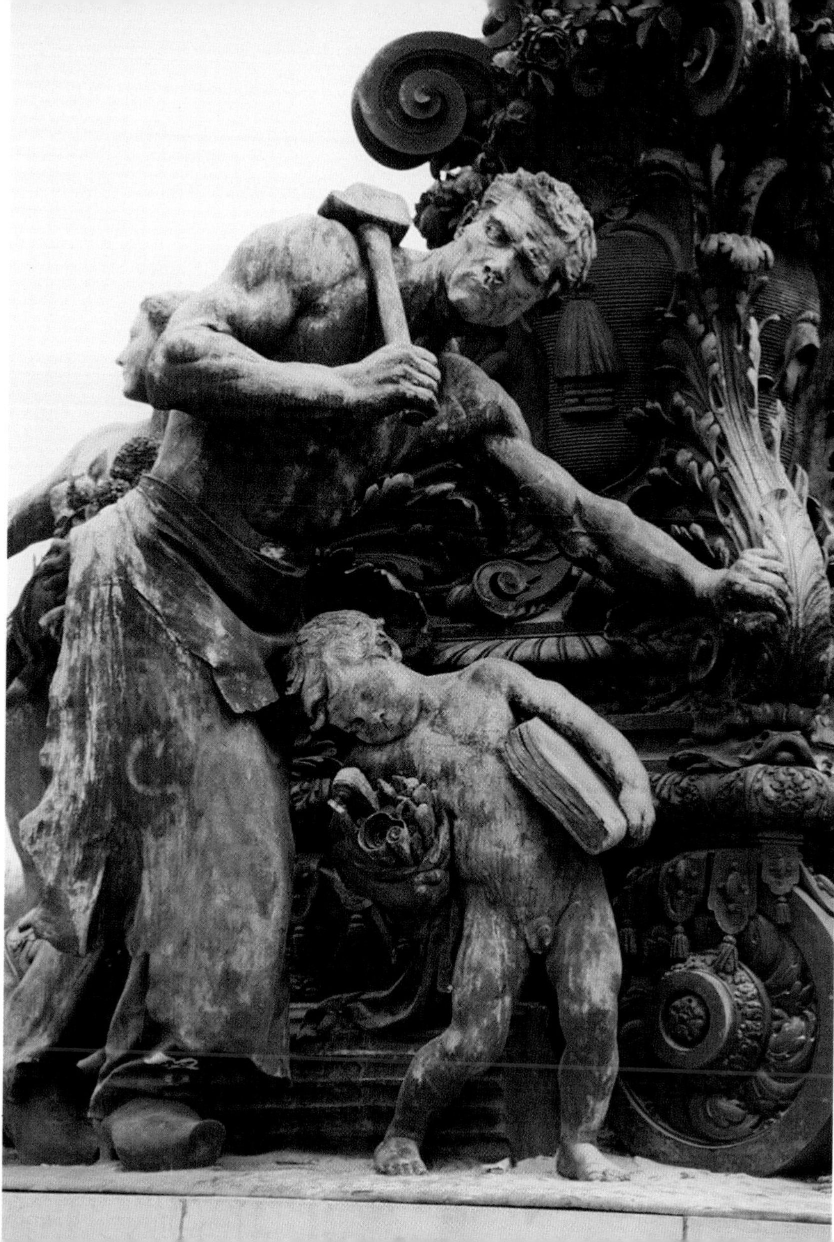

Le Triomphe de la République de Jules Dalou a été érigé au centre de la place de la Nation en 1899. Parmi les personnages qui accompagnent le char de la République, un robuste ouvrier personnifie le travail, un thème particulièrement cher au sculpteur.

Musée des Arts africains et océaniens: bas-relief par Janniot.

MUSÉE DES ARTS AFRICAINS ET OCÉANIENS 293, AVENUE DAUMESNIL (J)

● L'ancien Musée des Colonies a été bâti en 1931, pour l'Exposition coloniale, par les architectes Laprade et Jaussely. Derrière une mince colonnade qui ne la dissimule pas, la façade est entièrement recouverte d'un immense bas-relief de 1200 mètres carré, le plus vaste d'Europe. Cette œuvre capitale du sculpteur Alfred Janniot symbolise l'*Apport des territoires d'outre-mer à la mère patrie et à la civilisation.*
● En face du musée: *Monument au général Marchand.* Le chef de l'expédition Congo-Nil de 1898 est représenté par le sculpteur Léon Baudry devant un bas-relief évoquant ses conquêtes (1949).

LYCÉE ELISA LEMONNIER AVENUE ARMAND-ROUSSEAU (J)

Devant l'entrée, *Structures perpendiculaires,* en acier cor-ten, par Henri Deryck (1974).

BOIS DE VINCENNES (K)

A proximité du lac Daumesnil, devant le temple bouddhiste, *Pèlerins des nuages et de l'eau,* groupe en bronze du sculpteur japonais Torao Yazaki (1971).

A la lisière nord-est du bois, près de Fontenay-sous-bois, énorme massif de grès rose dédié à *Beethoven,* sculpté par José de Charmoy en 1914. Il s'agit, en réalité, du socle d'un monument colossal jamais réalisé.

PARC FLORAL (K)

Premier musée de sculpture contemporaine en plein air de la capitale, ce vaste jardin, remarquablement dessiné, a été inauguré en 1969. Certaines des œuvres

Parc Floral: les Agresseurs, par Pierluca.

12

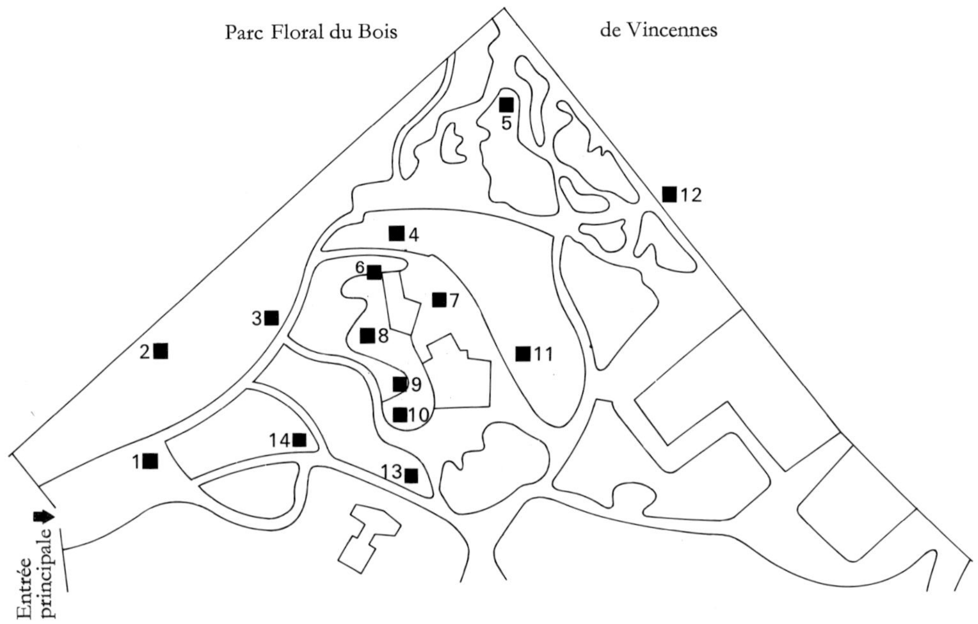

qui y étaient alors exposées, ont été retirées, d'autres les ont remplacées. On peut voir actuellement (1988); *Cinq Ailes* (1), stabile monumental en fer, par Alexandre Calder (1969); *Chronos dix* (2), sculpture spatio-dynamique en inox, par Nicolas Schöffer (1971); les *Agresseurs* (3), composition très évocatrice en acier, par Pierluca (1971); *Partition rouge* (4), sculpture en fer peint, par Alberto Guzman (1971); *A cœur ouvert* (5), bronze, par Goudroff (1971); *Fontaine monumentale* (6), en granite noir, par François Stahly (1969); *Ligne-volume* (7), grand signal en acier inox, par Yaacov Agam (1971); *Grand Dialogue* (8), sorte d'éclosion végétale coulée en bronze, par Alicia Penalba (1969); les *Flamands roses* (9), trois bronzes, par Pierre Ségeron (1981); *Grand Navire* (10), sculpture en lave rouge, par Jean Amado (1971); *Fontaine* en céramique (11), par Marc-Antoine Louttre et Roger Bissière, réalisée à Sèvres en 1968; *Totem* (12), œuvre anonyme en céramique (1982); *Azimuthage* (13), mobile en acier inoxydable, par Marcel Van Thienen (1971); *Torse de femme allongée* (14) en marbre, par Balthazar Lobo.

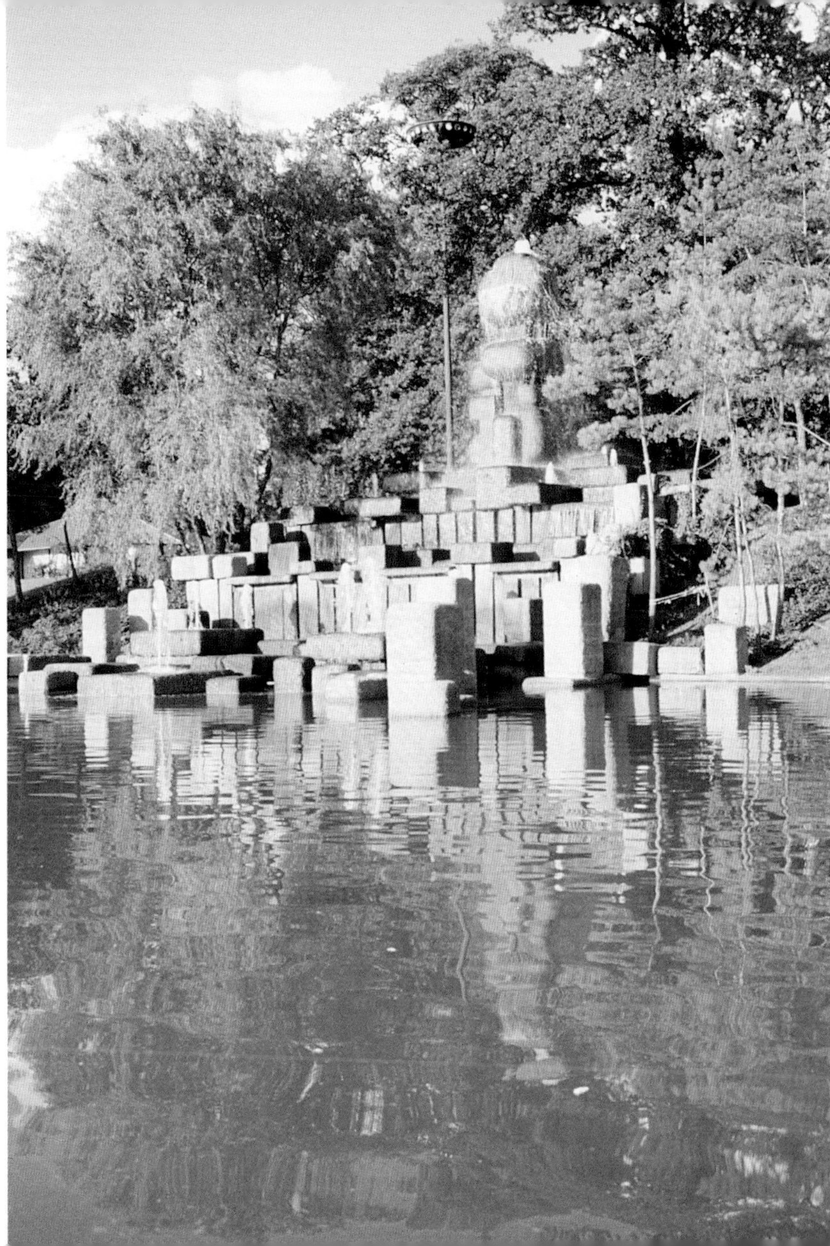

Constituée de gros blocs de granite noir, la fontaine de François Stahly s'intègre intimement au site du Parc Floral, remarquablement dessiné, dans le bois de Vincennes, en 1969. Il s'agit du premier musée de sculpture contemporaine de la capitale.

Parc floral: le Grand Dialogue par Alicia Penalba.

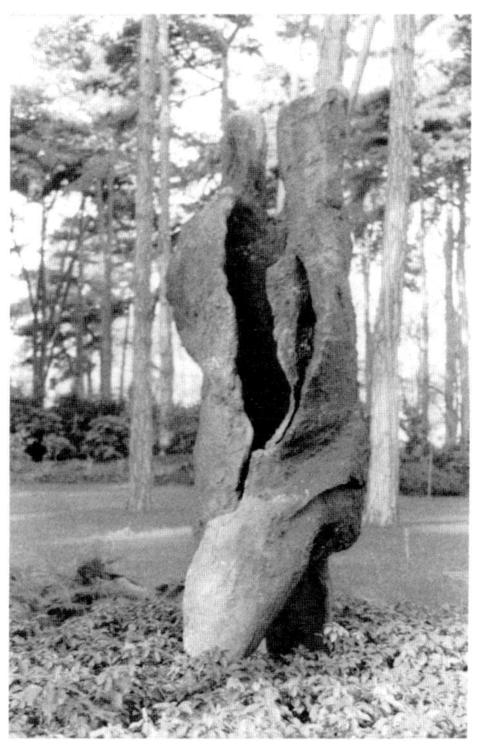

Parc Floral: A cœur ouvert, par Goudroff.

ROUTE DE LA PYRAMIDE (K)

Obélisque (dit la Pyramide) en pierre, datée 1731. Il comporte des ornements sculptés par les frères Slodtz en commémoration des grands travaux entrepris dans le bois de Vincennes sous le règne de Louis XV.

PARC DE BERCY (L)

Au pied du palais omnisports, vaste bassin orné du *Canyoneaustrate,* sculpture-environnement en ciment-pierre, par Gérard Singer (1988).

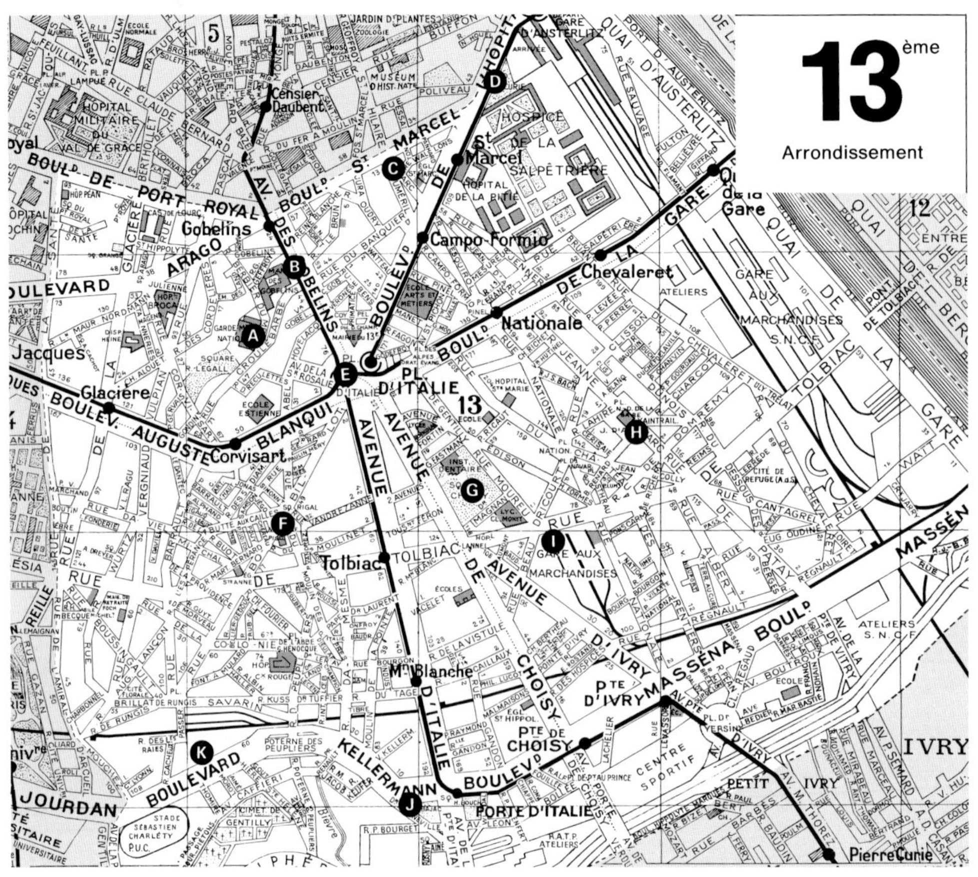
13ème
Arrondissement
Censier Daubenton
Gobelins
Campo-Formio
St Marcel
Quai de la Gare
Chevaleret
Nationale
Glacière
Corvisart
Place d'Italie
Tolbiac
Mt Blanche
Pte d'Ivry
Pte de Choisy
Porte d'Italie
Pierre Curie
Boulevard Auguste Blanqui
Boulevard Arago
Boulevard de Port-Royal
Boulevard St Marcel
Boulevard de l'Hôpital
Avenue des Gobelins
Avenue d'Italie
Avenue de Choisy
Avenue d'Ivry
Boulevard Masséna
Boulevard Kellermann
Boulevard Jourdan
Rue de Tolbiac
Quai d'Austerlitz
Gare d'Austerlitz
Jardin des Plantes
Hôpital de la Salpêtrière
Hôpital de la Pitié
Gare aux Marchandises S.N.C.F.
Gare aux Marchandises
Ateliers S.N.C.F.
Centre Sportif
Stade Sébastien Charléty P.U.C.
IVRY
Petit Ivry
A
B
C
D
E
F
G
H
I
J
K
5
12
13

MOBILIER NATIONAL
1, RUE BERBIER-DU-METS (A)

Le péristyle de ce bâtiment, construit en 1935 par Auguste Perret, est précédé de deux molosses en ciment sculptés par André Abbal. Le style abrupt de ces œuvres s'accorde parfaitement à la sévère pureté de l'architecture.

SQUARE RENÉ-LE-GALL (A)

Les grands escaliers sont ornés de masques humains en galets et coquillages, inspirés de ceux de Tivoli, près de Rome, par le sculpteur Maurice Garnier (1938).

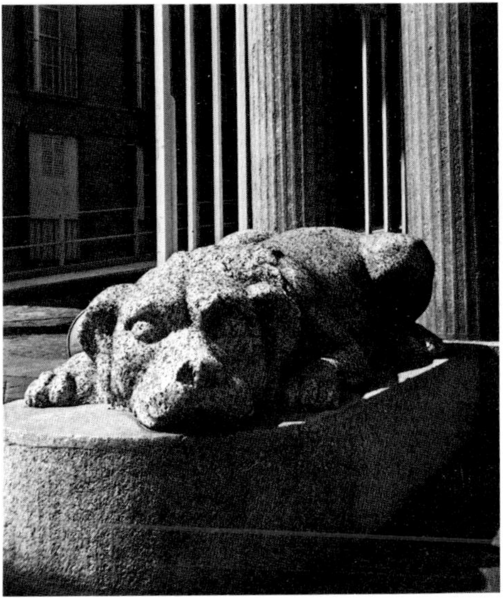

MANUFACTURE DES GOBELINS
42, AVENUE DES GOBELINS (B)

Façade ornée de quatre cariatides, par Antoine Injalbert, d'un fronton allégorique, par Paul Landowski, et de huit médaillons, par Louis Convers (à gauche) et Jean Hugues.

41, BOULEVARD SAINT-MARCEL (C)

Statue de *Jeanne d'Arc,* en bronze, par Emile Chatrousse (1881).

1, RUE RENÉ-PANHARD (C)

Sur la façade de l'Institut de paléontologie humaine, frise sculptée par Constant Roux (1912).

SQUARE MARIE-CURIE (D)

Monument à Philippe Pinel, par Ludovic Durand (1879).

PLACE D'ITALIE (E)

- Au centre, dans le square, Statue en bronze du *Maréchal Juin* par André Greck (1983).
- A l'angle du boulevard Auguste-Blanqui, *Avant le bain,* petite statue en marbre par Louis d'Ambrosio (1926).
- En face, sur le terre plein, monument aux morts du 13e arrondissement avec médaillon en bronze par René Rochard (1964).

Mobilier National: molosse par Abbal.

69, BOULEVARD AUGUSTE-BLANQUI (E)

Monument à Ernest Rouselle, en bronze, par Michel Béguine (1901).

PLACE PAUL-VERLAINE (F)

Buste en pierre du *Sergent Bobillot* par Georges Saupique (1959).

SQUARE DE CHOISY (G)

● Au centre, sur une pelouse, deux grands arcs de cercles en acier cor-ten de 36 m de long sur 3,40 m de haut, œuvre de l'artiste américain Richard Serra intitulée *Clara-Clara* (1983).
● Sur la façade en briques de l'Institut George Eastman, deux grands médaillons allégoriques en pierre sculptés en bas-relief par Charles Sarrabezoles (1938). Ils représentent, à gauche, *La Santé publique triomphant de la maladie,* à droite, *George Eastman, fondateur de Kodak, offrant à la France l'institut de stomatologie qui porte son nom.*

PLACE SOUHAM (H)

Fontaine formée de six portions de sphères en inox poli, par Alberto Guzman (1983).

3, RUE XAINTRAILLES (H)

Lanterne sphérique, en cuivre, par le Groupe de l'Œuf (1968).

109, RUE DE TOLBIAC (I)

Dans le nouveau quartier, sur la terrasse du centre commercial, grand signal métallique dominant un bassin, par Claude Viseux.

BOULEVARD KELLERMANN (J)

● A l'entrée du parc Kellermann, deux bas-reliefs en pierre sur le thème des jeux et des sports, par Elie Ottavy.
● *Monument aux mères françaises,* encombrante composition en pierre sculptée en 1938 par Henri Bouchard et Alexandre Descatoire.
● Au numéro 56, dans la cour de la caserne de la Garde Républicaine, *Navire spatial,* grande sculpture en acier cor-ten par Marino di Teana (1974).

14ème Arrondissement

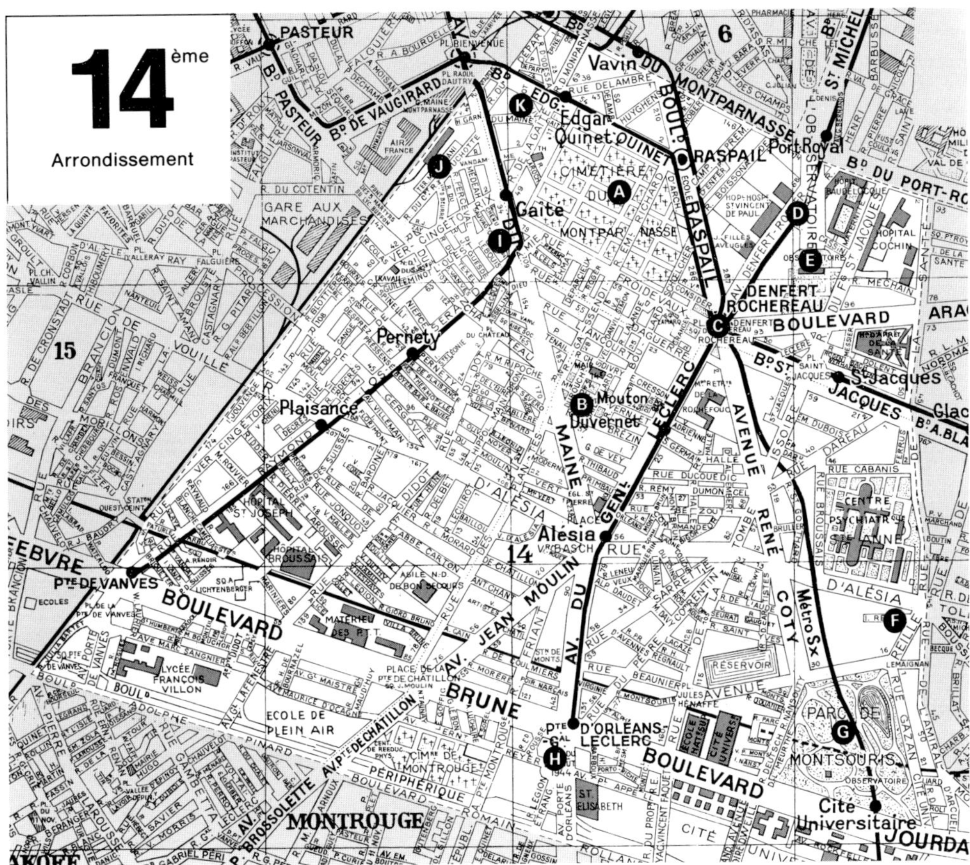

Cimetière Montparnasse: le Baiser, par Brancusi.

Cimetière Montparnasse: Pleureuse, par Léopold Morice.

Cimetière Montparnasse: Baudelaire, par Joseph de Charmoy.

CIMETIÈRE MONTPARNASSE BOULEVARD EDGAR-QUINET (A)

● Rond-point central, le *Génie du sommeil éternel,* groupe en bronze par Horace Daillion (1889).

● 3e division. *Honoré Champion* (†1909). Haut-relief par Albert Bartholomé.

● 6e division. En bordure de l'avenue principale, *Charles Robert* (†1899). Buste en marbre par Jules Dalou. Au centre de la division, *Carpezat.* Médaillon en bronze par Jean-Baptiste Carpeaux (1855).

● 7e division. Avenue de l'Ouest, *Henri Laurens* (†1954) avec *La Douleur,* œuvre en bronze du célèbre sculpteur.

● 8e division. Allée des Sergents-de-la-Rochelle, grand groupe en marbre, la *Séparation du couple,* provenant du Luxembourg, placé en 1965.

● 13e division. Avenue du Nord, *Jacques Lisfranc,* chirurgien de l'Empire (†1847). Buste et deux bas-reliefs en bronze – *Leçon de clinique à la Pitié* et le *Camp de Leipzig* – par Carle Elshoecht. *Famille Spiegel* avec la statue assise de *Fanny Spiegel* par Pierre Vernier (1882).

● 17e division. Avenue de l'Est, *Sainte-Beuve* (†1869). Son buste repose sur une colonne en pierre enveloppée d'une draperie, sculptée par José de Charmoy.

● 27e division. *Famille Wattiez-Gaillard.* Sous un dais de marbre noir, *Femme assise* et buste de *J. Wattiez,* en marbre, par Carrier-Belleuse. Contre le mur de la rue Emile-Richard, *Charles Baudelaire* (†1867). Ce monument, inauguré en 1902, comporte le gisant de l'écrivain et son buste surmontant un vampire, sculptés en pierre par José de Charmoy.

Cimetière Montparnasse: la Roue, par Jean Arp.

Dans la partie du cimetière située de l'autre côté de la rue Emile-Richard:

● 17e division. *Gustave Jundt* (†1884). Buste du peintre fleuri par une petite Alsacienne, bronze par Auguste Bartholdi.

● 22e division. *Le Baiser,* groupe en pierre sculpté en 1910 par Constantin Brancusi sur la tombe de *T. Rachevskaïa* est une des premières œuvres réalisées à Paris, dans le style cubiste, par le grand sculpteur roumain. Sépulture *Marchand* avec un groupe de deux femmes en pierre par Henri Lagriffoul (1945). Très curieuse tombe de la famille *Pigeon* avec le groupe en bronze de l'inventeur de la lampe du même nom et de sa femme, couchés dans leur lit. *Famille Tournier.* Elégante femme drapée en marbre sculptée par Victorien Tournier. *Zacharie Astruc* (†1907). Bas-relief en marbre par Raymond Sudre.

● 26e division. *César Franck.* Médaillon en bronze au modelé puissant, par Auguste Rodin (1890). *Famille Morice. Pleureuse* en marbre sculptée par Léopold Morice.

● 28e division. *Famille Herbette.* Statue de femme assise et divers ornements sculptés en pierre par Jules Coutan, Léon Longepied et Louis Roty. *Henri Barboux* (†1910). *L'Education maternelle,* groupe en marbre par Ernest Barrias. *Pierre Loeb* (1965). Sur la tombe du grand collectionneur, *La Roue,* disque ajouré en granit sculpté par Jean Arp.

SQUARE FERDINAND-BRUNOT (B)

Femme assise, en pierre, par Jean Joachim (1960). *Monument aux mères du 14e arrondissement,* en pierre par Henri Valette (1951). *Buste de la République,* en pierre, par Jean Baffier (1886).

A l'extérieur, sur la rue Mouton-Duvernet: *Monument à Michel Servet,* médecin et philosophe de la Renaissance, par Jean Baffier (1900).

MAIRIE (ANNEXE) RUE DUROUCHOUX (B)

Deux bas-reliefs en pierre par Raymond Delamarre.

SQUARE DE L'ASPIRANT-DUNAND (B)

Fontaine ornée d'un bas-relief en pierre, par Gilbert Privat (1932).

PLACE DENFERT-ROCHEREAU (C)

Le *Lion de Belfort,* en cuivre martelé, d'Auguste

Bartholdi. Cette œuvre reproduit en dimensions réduites (7 m × 4 m) le fameux lion en grès rouge de 22 m × 11 m élevé contre un rocher, à Belfort, en 1875, par le même sculpteur.

SQUARE NICOLAS-LEDOUX (C)

Monument à Ludovic Trarieux, en pierre, par Jean Boucher (1907).

SQUARE JACQUES-ANTOINE (C)

Sur le socle du monument à *Raspail* subsistent deux bas-reliefs en bronze évoquant la vie du savant et homme politique, par Léopold Morice (1897).

SQUARE DE L'ABBÉ-MIGNE (C)

Il reste du monument à *Charlet,* enlevé en 1942, une colonne avec son portrait en médaillon, en bronze, par Charpentier (1896).

CARREFOUR DENFERT-ROCHEREAU-OBSERVATOIRE (D)

Monument à Théophile Roussel; buste et figures en pierre sculptés par Jean-Baptiste Champeil (1906).

COUR DE L'OBSERVATOIRE (E)

Statue de *Le Verrier.* L'astronome qui découvrit la planète Neptune est représenté debout, en marbre, par Henri Chapu. Le socle est orné par le même sculpteur de deux bas-reliefs en pierre: l'*Astronomie* et la *Météorologie.*

3*bis* RUE D'ALÉSIA (F)

Devant une école maternelle, structure en acier corten, par Marino di Teana (1978).

PARC MONTSOURIS (G)

Vaste jardin de 16 hectares, pittoresque et accidenté, aménagé par Alphand de 1867 à 1878 sur l'emplacement d'anciennes carrières et de pépinières.

● Dans la partie basse, du côté de l'avenue Reille: *Colonne de la Paix armée* supportant une figure allégorique en bronze de Jules Coutan, puis, *Un premier frisson,* gracieux groupe de deux personnages en marbre, dominant un bassin, sculpté par René Baucour en 1921, et la *Mort du lion,* groupe en pierre de trois Africains portant la dépouille d'un fauve, par Edmond Desca (1929).

● Sur les pelouses au-dessus du lac, à droite: *Deux femmes nues,* en pierre par Morice Lipsi (1952) et les *Naufragés,* puissant groupe en marbre sculpté par Antoine Etex en 1859.

● Dans la partie supérieure du parc: un *Drame au désert,* combat d'une lionne et d'un serpent, en bronze, par Georges Gardet (1891), la *Grèce,* bronze par Costas Valsenis (1955), œuvre dans le goût des nus de Maillol offert par les Grecs de France à la ville de Paris pour son bimillénaire, enfin, *La Carrière,* émouvant groupe en pierre par Henri Bouchard (1900).

● En bordure du boulevard Jourdan: statue équestre du *Général San Martin* (1960), réplique en bronze de l'œuvre de Louis-Joseph Daumas érigée à Santiago du Chili en 1859.

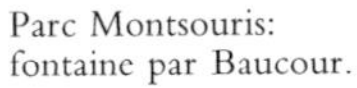
Parc Montsouris:
fontaine par Baucour.

Place du 25-Août 1944:
Baigneuse, par Martial.

Avenue du Maine: l'Esprit et la
Force, par Magda Frank.

● Sur le boulevard Jourdan, statue en bronze doré de *Thomas Payne,* philosophe américain du 18e siècle, par S. Borglum (1934).

PLACE DU 25-AOUT 1944 (H)

Au centre du carrefour: *Monument au Maréchal Leclerc.* La statue, par Raymond Martin, est flanquée de deux grands signaux en acier inoxydable, dus au ferronnier Raymond Subes. Cet ensemble exécuté dans un esprit très classique a été inauguré le 25 août 1969.

● Dans le square du Serment de Kouffra, à droite, se dresse une élégante et vigoureuse *Baigneuse* en pierre, sculptée par Armand Martial en 1958.

CARREFOUR AVENUE DU MAINE – RUE DE L'OUEST (I)

L'Esprit et la Force, sculpture en marbre de Portoro (Portugal), par Magda Frank (1983).

TERRASSE MODIGLIANI RUE DU COMMANDANT-MOUCHOTTE (J)

Rythme héroïque N° 6, sculpture en acier cor-ten et acier inoxydable, par Berto Lardera (1966).

SQUARE GASTON-BATY RUE DU MAINE (K)

Chaim Soutine, statue en bronze, par Arbit Blatas, offerte par le sculpteur en 1987.

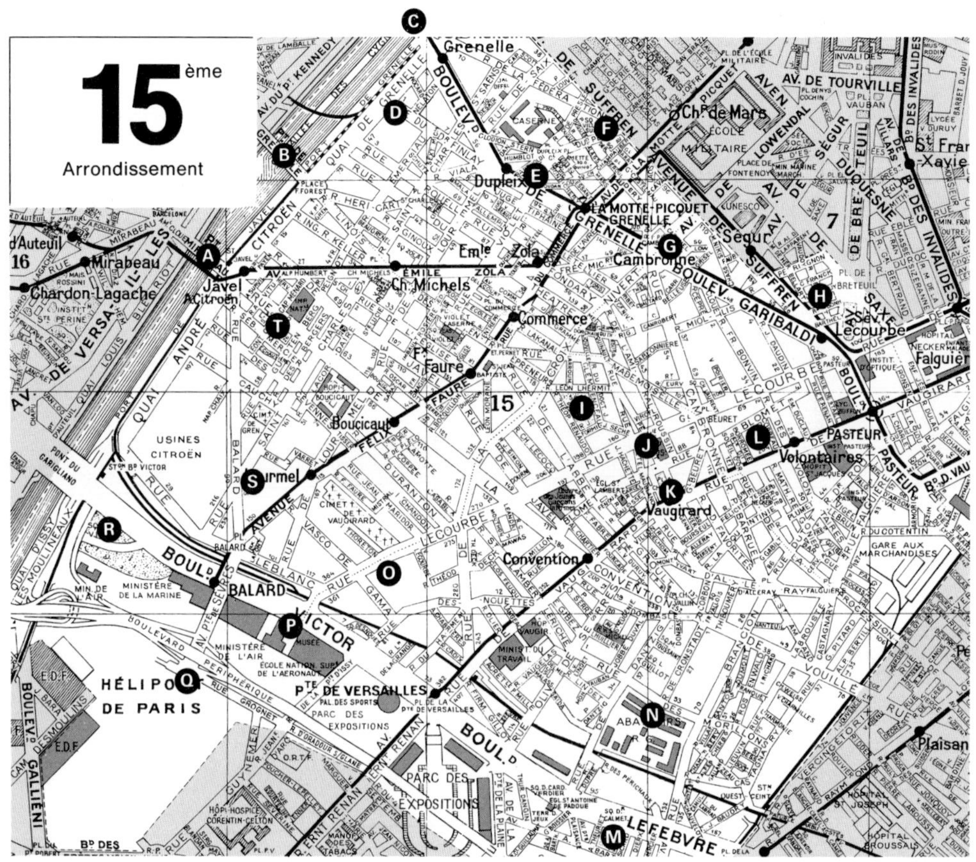
15ème
Arrondissement
Grenelle
Dupleix
La Motte-Picquet Grenelle
Ch. de Mars
École Militaire
Av. de Tourville
Cambronne
Ségur
Sèvres Lecourbe
Falguière
Pasteur
Volontaires
Vaugirard
Convention
Commerce
Émile Zola
Ch. Michels
Javel
A. Citroën
Mirabeau
Chardon-Lagache
d'Auteuil
16
7
15
F.x Faure
Boucicaut
Lourmel
Balard
Usines Citroën
Pont du Garigliano
Quai André Citroën
Boulevard Garibaldi
Boul.d Victor
Ministère de la Marine
Ministère de l'Air
Musée
Héliport de Paris
P.te de Versailles
Parc des Expositions
Boul.d Lefebvre
Abattoirs
Gare aux Marchandises
Plaisance
Hôpital Necker
Ministère du Travail
Cimet.re de Vaugirard
A B C D E F G H I J K L M N O P Q R S T

Pont Mirabeau: Divinité marine, par Injalbert.

Pont de Grenelle: la Liberté, par Bartholdi.

PONT MIRABEAU (A)

Construction métallique d'une rare audace, dont l'unique arche très surbaissée mesure 180 mètres de long. Inauguré en 1896, ce pont, dû à l'ingénieur Résal, comme le Pont Alexandre III, est orné de quatre figures colossales de divinités marines, en bronze, exécutées par le sculpteur Antoine Injalbert.

PONT DE GRENELLE (B)

La *Liberté éclairant le monde,* modèle réduit en fonte de la colossale statue de 46 mètres de haut érigée à l'entrée du port de New York par Auguste Bartholdi. Offerte par la colonie américaine de Paris et inaugurée en 1885, cette réduction a été obtenue à l'aide du procédé mécanique Achille Collas dont l'invention, en 1836, a permis d'éditer en plusieurs dimensions les œuvres de nombreux sculpteurs du 19e siècle.

PONT DE BIR-HAKEIM (C)

- Les piles de ce pont, lancé en 1906, supportent huit groupes monumentaux en fonte qui représentent les *Forgerons* et les *Nautes,* par Gustave Michel.
- Au centre, le viaduc du métro repose sur un massif de maçonnerie orné des figures de la *Science* et du

15

Centre technique de l'Aluminium: bas-relief par Riolo.

Travail (en amont), par Jules Coutan, et de l'*Electricité* et du *Commerce,* par Antoine Injalbert.
● A la pointe de l'île des Cygnes, *Monument de la France renaissante,* curieuse statue équestre en bronze, exécutée en 1930 par le sculpteur danois Holger Wederkinch, et offerte par la colonie danoise de Paris.

QUAI BRANLY (C)

A l'angle du pont de Bir-Hakeim, buste en bronze du *général Diego Bresset,* par Raymond Delamarre.

SQUARE BELA-BARTOK (D)

Grande fontaine en métal sur socle en mosaïque par Jean-Yves Le Chevallier (1981). Au fond du square, statue en bronze du compositeur hongrois *Bela Bartok,* par Imre Varga, offerte par le gouvernement de Budapest à la ville de Paris (1982).

RUE NELATON (D)

Au centre d'un bassin, devant l'immeuble du ministère de l'Intérieur, grande sculpture en ciment représentant un homme enlaçant un poisson, par Collamarini.

CENTRE TECHNIQUE DE L'ALUMINIUM 87, BOULEVARD DE GRENELLE (E)

Ce bâtiment en brique, élevé en 1945, est orné d'un ensemble de bas-reliefs exécutés par T. Riolo en alliage d'aluminium et de magnésium fondus. Ces œuvres représentent, en un style sobre et réaliste, la fabrication et les différents usages de l'aluminium.

88, RUE DE LA FÉDÉRATION (F)

Au pied d'un grand immeuble, sculpture-fontaine en bronze par Collamarini.

SQUARE CAMBRONNE (G)

Dans un des squares, *Monument à Garibaldi,* par le sculpteur italien Vincenzo Cochi (1907). Dans l'autre, *Drame du désert,* groupe en fonte de fer par Henri Fouques (1892).

PLACE GEORGES-MULOT (H)

Sur un socle monumental sculpté et flanqué de colonnes, quatre portraits en médaillons, en pierre: *Rosa Bonheur* par Georges Loiseau-Bailly, *le docteur E. Bouchut* par Firmin Michelet, *Valentin Haüy* par Hippolyte Lefèbvre, *Georges Mulot* par Waast (1906).

SQUARE SAINT-LAMBERT (I)

La *Jeunesse,* bas-relief en pierre sculpté par Auguste Guénot en 1934 (entrée face à la rue des Entrepreneurs). Les *Oursons,* charmant groupe en bronze de Victor Peter, placé en 1928. Le *Chien,* en pierre, par René Paris.

RUE LECOURBE (J)

Monument aux morts du 15e arrondissement, composition en ronde bosse assez conventionnelle, sculptée par Charles Yrondi en 1934.

PLACE ADOLPHE-CHÉRIOUX (K)

L'*Histoire,* statue allégorique en pierre, par Emile Chatrousse, placée en 1899. *Maternité,* groupe en pierre par Alphonse Cordonnier (1899).

SQUARE BLOMET (L)

Dans ce jardin plutôt discret a été placée une œuvre majeure de la sculpture contemporaine, l'*Oiseau lunaire,* par Joan Miro. Ce grand bronze, de plus de deux mètres de haut, surréaliste et fascinant, est considéré comme l'un des chefs-d'œuvre du grand peintre et sculpteur qui en a fait don à la ville de Paris.

SQUARE DU DOCTEUR CALMETTE (M)

Deux bassins ornés, l'un d'un groupe de trois nymphes en marbre, *Le Printemps,* par Paul Manaut (1932), l'autre, d'un bas-relief en pierre, *Scène pastorale,* par Gilbert Privat (1932).

PARC GEORGES-BRASSENS (N)

Rue des Morillons, l'entrée des anciens abattoirs de Vaugirard, transformés en jardins, est flanquée de deux taureaux en fonte d'Auguste Cain, provenant du jardin de l'ancien Trocadéro (1878).

LYCÉE LOUIS-ARMAND (O)

Dans la cour, *Rythme héroïque No 10,* sculpture en acier inox et cor-ten, par Berto Lardera.

---

24 *bis* BOULEVARD VICTOR (P)

Monument à Georges Guynemer et aux pilotes de chasse des deux guerres, œuvre en fer forgé de Louis Leygue.

PORTE DE SÈVRES (Q)

A proximité de l'héligare de Paris, *Monument à Henri Farman et aux frères Voisin.* Cette œuvre en pierre de Paul Landowski (1929) évoque le premier vol d'un kilomètre réalisé dans le monde.

SQUARE VICTOR (R)

Grande stèlle en pierre à la mémoire de l'aviatrice *Maryse Bastié*, par Félix Joffre (1970).

SQUARE JEAN-COCTEAU (S)

Au centre d'un bassin, fontaine des *Polypores*, en pierre, par Jean-Yves Le Chevallier (1983).

27, RUE DE LA CONVENTION (T)

Dans le jardin, devant l'Imprimerie nationale, statue en fonte de *Jean Gutenberg*, réplique de la statue en bronze de David d'Angers inaugurée à Strasbourg en 1840. Les quatre bas-reliefs évoquent les *Bienfaits de l'imprimerie dans le monde*.

● En face, au fronton de l'église Saint-Christophe de Javel, *Saint-Christophe*, grand haut-relief en ciment, par Pierre Vigoureux.

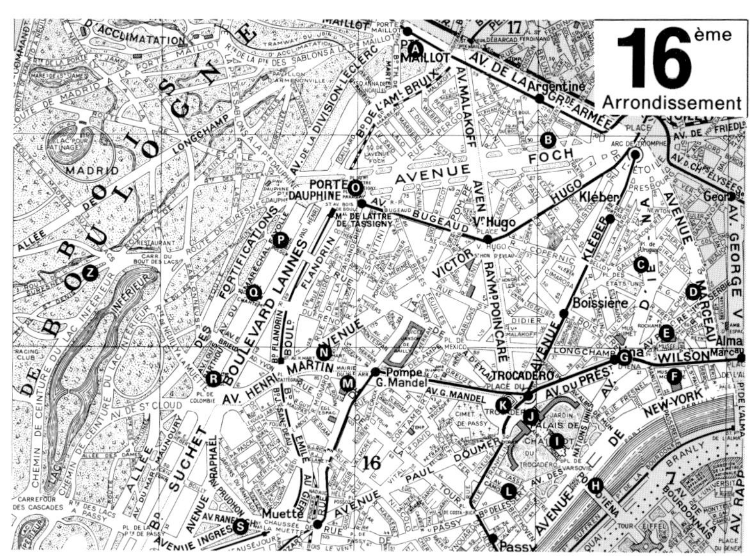
16ème
Arrondissement
Maillot
Argentine
Av. de la Grande Armée
Avenue Foch
Porte Dauphine
Av. Mal de Lattre de Tassigny
Av. Bugeaud
Vr Hugo
Avenue Victor Hugo
Kléber
Boissière
Avenue d'Iéna
Avenue Marceau
Alma Marceau
Iéna
Wilson
Trocadéro
Av. G. Mandel
Pompe
G. Mandel
Avenue Henri Martin
Boulevard Lannes
Boulevard Suchet
Muette
Passy
Avenue Paul Doumer
Avenue de New-York
Palais de Chaillot
Bois de Boulogne
Madrid
Longchamp
Fortifications
16
17
7

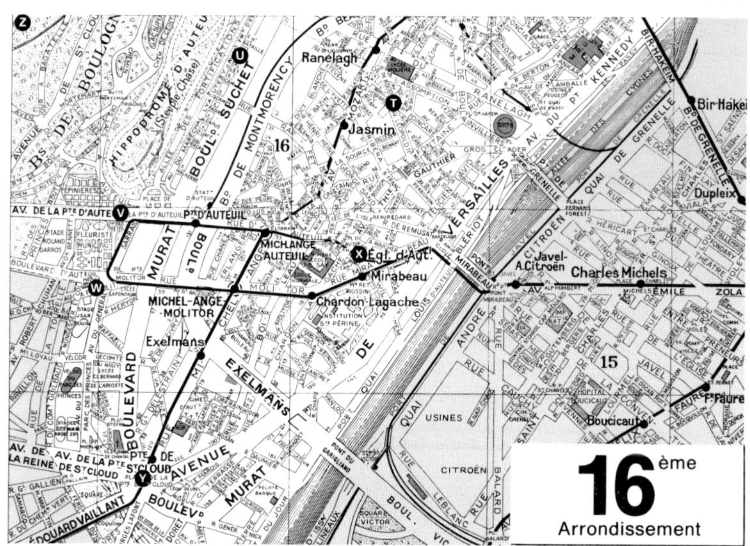
Ranelagh
Jasmin
16
Boul. de Montmorency
Boul. Suchet
Hippodrome d'Auteuil
Av. de la Pte d'Auteuil
Pte d'Auteuil
Michel-Ange Auteuil
Égl. d'Aut.
Mirabeau
Michel-Ange-Molitor
Chardon-Lagache
Exelmans
Boulevard Murat
Avenue de Versailles
Javel-A.Citroën
Charles Michels
Bir-Hakeim
Dupleix
Boucicaut
F. Faure
Av. Émile Zola
Usines Citroën
15
Av. de la Pte St Cloud
Pte de St Cloud
16ème
Arrondissement

Porte Maillot: le Vent des batailles, par Albert Féraud.

SQUARE DE L'AMIRAL-BRUIX
PORTE MAILLOT (A)

● *Fontaine Levassor,* élevée en 1907 à la mémoire du célèbre constructeur d'automobiles par Camille Lefebvre d'après une esquisse de Jules Dalou. On ne peut dire que cette première apparition d'un véhicule automobile dans la sculpture constitue une réussite.
● *Monument au Général Koenig* par Albert Féraud (1984). Cette œuvre monumentale, en acier inoxydable, est intitulée *Le Vent des batailles*. Elle symbolise une armée en marche.

SQUARE ANNA DE NOAILLES (A)

Petite fontaine avec figure en pierre par Marcel Courbier (1935) et urne en granit signée de Costa Spourdos.

AVENUE FOCH (B)

Monument à Jean-Charles Alphand, par Jules Dalou. Le directeur des travaux de Paris, urbaniste du quartier et du Bois de Boulogne, est entouré de quatre de ses collaborateurs dont, à droite, Dalou lui-même. Deux bas-reliefs incurvés évoquent les travaux entrepris par Alphand. Ce monument a été inauguré en 1898.

PLACE DE L'URUGUAY
AVENUE D'IENA (C)

Buste en bronze du *Général José Artigas,* par Zorilla de San Martin (1962).

PLACE DES ÉTATS-UNIS (C)

Près de l'avenue d'Iéna: *Monument aux volontaires américains,* statue en bronze sur un socle en pierre sculptés par Jean Boucher en 1923.

A l'autre extrémité de la place: *Washington et La Fayette,* groupe en bronze représentant les deux héros de l'indépendance américaine se serrant la main, par Auguste Bartholdi (1890). Sur les parterres, *Horace Wells,* buste en pierre par Bertrand Boutée (1910) et *Myron T. Herrick,* buste en bronze par Léon Drivier (1937).

ÉGLISE SAINT-PIERRE-DE-CHAILLOT
33, AVENUE MARCEAU (D)

La façade de cet édifice, élevé en 1937, est plaquée d'un immense fronton qui représente la *Vie de saint Pierre,* sculpté par Henri Bouchard. Cette vaste composition s'inspire visiblement de l'iconographie romane.

AVENUE PIERRE-Ier-DE-SERBIE (E)

Statue du maréchal de Rochambeau, en bronze, par Fernand Hamar (1933).

JARDINS ET PALAIS GALLIERA AVENUE DU PRÉSIDENT-WILSON (E)

● Dans le jardin, au centre du bassin, l'*Avril,* par Pierre Roche (1916), œuvre en bronze sur un haut piédestal à décor de feuillages, encore très «1900» d'esprit.

Au fond du jardin à gauche, l'*Enfance de Bacchus,* en bronze, par Jean Perraud (1857).

● Sous la colonnade: *Protection et avenir,* groupe en marbre par Honoré Icard et *Un soir de la vie,* en pierre, par Gustave Michel.

● Sur le bâtiment central du Palais Galliera, élevé en 1888, trois statues en pierre: la *Peinture,* par Henri Chapu, l'*Architecture,* par Jules Thomas, la *Sculpture,* par Pierre Cavelier.

● Au fond du jardin à droite: le *Dieu Pan et un tigre,* bronze dédié à la mémoire de Rude par un de ses élèves, Just Becquet (1897).

● Sous la colonnade, deux statues en marbre: l'*Effort,* par Alfred Boucher (1892), et *Jeune Berger,* par Alexandre Pézieux (fin 19e s).

MUSÉES D'ART MODERNE QUAI DE NEW YORK (F)

Elevés en 1937, les deux corps de bâtiments sont reliés par une élégante colonnade et dominent des bassins toujours à sec. L'ensemble des sculptures qui les décore est décrit ci-dessous en tournant le dos à la Seine.

● Sur le parvis qui domine le quai de New York sont placées deux statues en pierre: à gauche, *Femme maure,* par Anna Quinquaud; à droite, *Jeune Vendangeuse,* par Pierre Vigoureux.

● Le bassin est flanqué de *Quatre nymphes couchées,* en pierre, d'une grâce très féminine, par, de gauche à droite, Louis Dejean, Léon Drivier (les deux du centre) et Auguste Guénot.

● Les façades des deux bâtiments sont ornées chacune, au-dessus des fenêtres, de quatre bas-reliefs. En partant de l'extrémité des ailes sur le quai de New York, bâtiment de gauche: *Triton, Trois Nymphes, Centaure* et *Eros,* par Marcel Gaumont; bâtiment de droite: *Actéon, Sirènes,* la *Chasse* et *Hercule,* par Léon Baudry.

● Le grand escalier est encadré de deux vastes bas-reliefs; à gauche, la *Légende de la terre,* à droite la *Légende de la mer,* par Alfred Janniot. Ces œuvres magistrales, typiques des années trente, ne manquent pas d'envergure ni de rythme, notamment le groupe du centaure et des chevaux cabrés (à gauche) qui symbolise les forces de la terre.

Au fond du bassin: vasque soutenue par des chevaux marins en bronze, par Félix Févola.

● Sur la terrasse supérieure se dresse un grand bronze d'Antoine Bourdelle, la *France,* solennelle et hiératique. Sculptée en 1937 et fondue en bronze en 1948, cette œuvre occupe l'emplacement primitivement destiné à un Apollon que Charles Despiau ne put terminer à temps pour l'Exposition.

● Les portes donnant accès aux musées (sur l'avenue du Président-Wilson) sont décorées de petits bas-reliefs en bronze par Bizet-Lindet (Musée national) et par Forestier (Musée municipal).

● Plusieurs statues appartenant au musée municipal d'art moderne ont été placées le long des bâtiments, rue Gaston de Saint-Paul. Il s'agit, en partant de l'avenue de New York, d'une *Baigneuse* en pierre, par Raoul Lamourdedieu, de quatre bronzes: *Baigneuse,* par Pierre Poisson, *Une sportive,* par Raoul

16

Musée d'Art moderne:
Femme maure, par Quinquaud.

Musée d'Art moderne: la Légende de la Terre (détail), par Janniot.

Lamourdedieu, *l'Athlète,* par Paul Belmondo, *Femme au coquillage,* par Georges Chauvel, enfin, d'une autre statue en pierre, *Femme orientale debout,* par Mme Lévy-Kinsbourg.

PLACE D'IÉNA (G)

Statue équestre de Washington, en bronze, par Daniel C. French et Edward G. Potter, offerte par les Etats-Unis et inaugurée le 3 juillet 1900.

PONT D'IÉNA (H)

Bâti en 1813, élargi en 1937, ce pont est orné de quatre groupes en pierre, sculptés entre 1848 et 1853. En avançant vers la Tour Eiffel: à gauche, *Guerrier arabe,* par Jean-Jacques Feuchère; à droite, *Guerrier grec,* par François Devaulx. Sur la rive opposée: à gauche, *Guerrier gaulois,* par Antoine Préault; à droite, *Guerrier romain,* par Louis Daumas.

Sur les piles, les aigles impériales sculptées par Barye en 1850, remplacent des L entrelacés qui avaient eux-mêmes été substitués aux aigles primitives sous la Restauration.

JARDIN DE CHAILLOT (I)

Ces jardins, comme le palais qu'ils précèdent, datent de l'Exposition de 1937.

Jardin de Chaillot: l'Homme, par Traverse; la Jeunesse, groupe par Poisson.

● Dans la partie est (côté Paris) près de l'avenue de New York, *Monument aux combattants polonais,* en pierre, par André Greck (1975).

● Le vaste bassin central est orné, vers la Seine, de deux imposants massifs en pierre sculptés en ronde bosse. A gauche, en remontant vers le Palais de Chaillot, la *Joie de vivre,* par Léon Drivier, œuvre vigoureuse et ferme au modelé accentué; à droite, la *Jeunesse,* par Pierre Poisson, d'une robustesse et d'une sobriété qui n'excluent ni la grâce ni l'éloquence.

A la partie supérieure du bassin, deux fontaines en bronze doré représentent, à gauche, des chevaux et un chien, par Georges Guyot; à droite, un taureau et un daim, par Paul Jouve.

Plus haut se dressent deux statues en pierre: à gauche, l'*Homme,* musclé comme un athlète grec, par Pierre Traverse; à droite, la *Femme,* opulente comme un nu de Maillol, par Daniel Bacqué.

● Dans la partie occidentale des jardins (à gauche, côté Passy), buste en bronze de *Paul Valéry* par René Vautier (1975). *Monument à l'amiral de Grasse,* en bronze, une des œuvres maîtresses de Paul Landowski (1931), et deux grandes arcades provenant de l'ancien Palais des Tuileries, transportées à cet endroit en 1883.

PALAIS DE CHAILLOT (J)

Constuit à l'occasion de l'Exposition des arts et techniques de 1937 sur l'emplacement de l'ancien Trocadéro, ce vaste édifice est dû aux architectes

16

Palais de Chaillot: Flore, par Gimont; l'Amérique, bas-relief par Zwoboda.

Carlu, Boileau et Azéma. Il devait, en principe, réaliser la synthèse de l'architecture et de la sculpture, auxquelles on reprochait depuis le début du siècle, de s'ignorer mutuellement. En fait, cette réconciliation ne s'est pas effectuée et le décor sculpté, confié à une quarantaine d'artistes, manque d'unité et reste indépendant de la structure du monument. De valeur inégale, il marque une époque où l'art hésite entre de nombreuses sources d'inspiration: l'Antiquité, le Moyen Age, l'exotisme, le cubisme.

La description suivante part des jardins pour remonter vers la place du Trocadéro.

● Façade inférieure sur les jardins. Au pied des escaliers qui accèdent aux terrasses, deux figures assises, en pierre, dans le style calme et élégant de certaines statues de parcs du 17e siècle: à gauche, *Flore,* par Louis Lejeune; à droite, *Pomone,* par Robert Wlérick.

● Au-dessus des portes donnant accès au théâtre, neuf bas-reliefs symbolisent les divers aspects de la poésie, de la musique et du théâtre. Ils ont été sculptés, de gauche à droite, par Emmanuel Auricoste (1 er 2), Henri Navarre (3 et 7), Claude Grangé (4 et 6), Paul Belmondo (5, au centre: la danse), et Firmin Michelet (8 et 9).

● Sur la terrasse supérieure, les deux grands pavillons du palais sont précédés d'un groupe colossal, en bronze, de 7 mètres de haut. A gauche, *Hercule domptant un bison,* œuvre robuste et puissante d'Albert Pommier; à droite, *Apollon Musagète,* inspiré de la statuaire grecque, par Henri Bouchard. A l'attique de ces pavillons, deux bas-reliefs par Gélin (à gauche) et Alfred Bottiau.

● Esplanade centrale. Les bassins sont dominés par une série de statues en bronze doré, un peu sous-dimensionnées par rapport aux bâtiments qui les entourent. A gauche (en avançant vers la place du Trocadéro), les *Fruits,* par Félix Desruelle; le *Printemps,* par Paul Niclausse; les *Jardins,* œuvre d'esprit baroque, par Robert Couturier; les *Oiseaux,* la seule statue «habillée», par Lucien Brasseur. A droite la *Campagne,* par Paul Cornet; le *Matin,* silhouette étirée et nerveuse, par Pryas; *Flore,* souple et élégante, par Marcel Gimond, un des plus grands sculpteurs classique du 20e siècle; la *Jeunesse,* par Alexandre Descatoire.

● Sur la place du Trocadéro, les deux pavillons sont surmontés, au niveau de l'attique, de groupes en bronze d'un «archaïsme» majestueux et hiératique. A gauche, en regardant la Tour Eiffel, *Art et industrie,* ou les *Connaissances humaines,* par Raymond Delamarre; à droite, les *Eléments,* par Charles Sarrabezoles.

Sous les portiques de chacun de ces pavillons, des bas-reliefs surmontent les portes qui donnent accès aux différents musées.

● Pavillon de gauche. A gauche, l'*Art indochinois,* par Anna Quinquaud; à droite, l'*Art français,* dans le style des tympans gothiques, par Charles Hairon.

● Pavillon de droite. A gauche, l'*Homme,* à droite, les *Eléments,* deux œuvres très stylisées, d'inspiration cubiste, par les frères Jan et Joël Martel.

Les longues ailes en arc de cercle sont plaquées de grands bas-reliefs en similipierre.

● Aile de gauche, dite aile Paris (avenue du Président-Wilson). En partant de la place du Trocadéro: 1. la *Sculpture,* d'un style robuste, abrupt, par André Abbal; 2. l'*Architecture religieuse,* très médiévale, par Joachim Costa; 3. le *Métal,* expressionniste, à la manière de Gromaire, par Louis Berthola; 4. l'*Architecture civile,* d'esprit cubiste, par Auguste Debarre; 5. la *Peinture,* pesante, massive, par Elie Vézien; 6. la *Céramique,* par René Collamarini; 7. l'*Art des jardins,* par Raymond Martin.

● Au pied de cette aile, dans les jardins, *Monument à Paul Adam,* surmonté d'un bas-relief, *Mithra, déesse de la lumière,* par Paul Landowski (1931).

● Aile de droite dite aile Passy (rue Franklin). En partant de la place du Trocadéro: 1. l'*Europe,* composition opulente, remarquablement rythmée par Hubert Yencesse; 2. la *Marine à vapeur,* par Félix Joffre; 3. l'*Amérique,* souple, élégante, par Jacques Zwoboda; 4. l'*Asie,* aux volumes parfaitement équilibrés, par Georges Saupique; 5. l'*Afrique,* par Antoine Sartorio; 6. la *Marine à voile,* par Gaston Contesse; 7. l'*Océanie,* par Henry Arnold.

PLACE DU TROCADÉRO (K)

● Au centre, statue du *Maréchal Foch,* effigie équestre en bronze, d'une belle prestance – bien que le maréchal soit curieusement représenté tête nue – exécutée par Robert Wlérick et Raymond Martin en 1951.

● Contre le mur du cimetière de Passy: *Monument à la gloire des armées françaises de 1914-1918,* en pierre. Œuvre conventionnelle et sans originalité, sculptée par Paul Landowski en 1956. Un concours avait été organisé dès 1937 et le sculpteur Henri Bouchard avait remporté le premier prix avec une composition très valable pour l'époque mais que la guerre empêcha de réaliser.

● A l'entrée de l'avenue Paul-Doumer, statue de *Benjamin Franklin,* en bronze par J.-J. Boyle (1898). Sur le socle, deux bas-reliefs en bronze, *Scènes de la vie de Franklin,* par Frédéric Brou (1906).

CIMETIÈRE DE PASSY (K)

● Face à l'entrée, bâtiment orné de trois bas-reliefs

Carrefour Victor-Hugo–Henri-Martin: Victor Hugo et les Muses, par Rodin.

en pierre par Janthial (1935). Immédiatement à droite, tombe de *Paul Guillaume* avec un bas-relief par Ossip Zadkine (1937).

● A droite, au premier rond-point, tombeau de la cantatrice *Rosine Laborde* (†1907), en marbre blanc, sculpté par Paul Landowski.

● Dans une allée à droite du second rond-point, médaillon en bronze de *Jehan de Bouteiller,* ancien président du Conseil municipal, par Auguste Rodin.

BOULEVARD DELESSERT (L)

Monument en marbre rose – d'assez mauvais goût – à *Luis de Camoens,* sculpté par Clara Menéres (1987).

MAIRIE DU 16e ARRONDISSEMENT AVENUE HENRI-MARTIN (M)

Monument aux morts du 16e arrondissement, par Paul Landowski (1922). Cette œuvre représente le *Bouclier de la France,* en bronze, orné en léger relief de scènes relatives à la guerre de 1914-1918.

SQUARE LAMARTINE (N)

Près du puits artésien de Passy (profondeur 850 m), buste en pierre de *Benjamin Godard,* par J.-B. Champeil (1906). A l'autre extrémité, statue en pierre de *Lamartine,* par Paul Niclausse (1951).

CARREFOUR VICTOR-HUGO-HENRI-MARTIN (N)

Victor Hugo et les muses, groupe en bronze par Auguste Rodin. Cette œuvre, remarquable par sa force d'expression et son mouvement, a été mise en place en 1964. Il s'agissait à l'origine d'un monument commandé au célèbre sculpteur au début du siècle et seulement exécuté en plâtre. La figure de Victor Hugo fut toutefois sculptée en marbre et placée en 1909, pour quelques années seulement, dans les Jardins du Palais-Royal. C'est pour remplacer l'ancien monument de la place Victor-Hugo, détruit pendant l'occupation, que le Conseil municipal de Paris a décidé, après de longues discussions, de faire couler en bronze le plâtre original.

PLACE DU PARAGUAY (O)

Buste en bronze de *Pecho Juan Cabarello,* libérateur du Paraguay, par Robert Michel (1962).

PLACE DU MARECHAL-DELATTRE-DE-TASSIGNY (O)

Sur le terre-plein central, grand buste en bronze du *Maréchal Delattre de Tassigny* par Philippe Kaeppelin (1981). A l'entrée du boulevard périphérique, monument à *Jean-Pierre Wimille* avec médaillon en bronze par L. G. Buisseret (1956).

SQUARE ROBERT-SCHUMANN (P)

Statue en bronze de *Robert Schumann* par Jean-François Hamelin (1985).

SQUARE CLAUDE-DEBUSSY (Q)

Monument à Debussy, sculpté en 1932 par les frères Jan et Joël Martel. A l'extrémité d'un miroir d'eau se dresse un portique orné de deux statues de muses et d'un grand bas-relief où sont évoquées les œuvres du célèbre compositeur: la *Cathédrale engloutie,* l'*Après-midi d'un faune, Pelléas et Mélisande,* la *Mer,* le *Martyre de saint Sébastien,* etc. L'art médiéval et le cubisme se rencontrent dans cette composition fort bien rythmée. Au revers, un autre bas-relief représente *Claude Debussy au piano, entouré de ses amis et de ses interprètes.*

PLACE DE COLOMBIE (R)

Monument au roi Alexandre Ier de Yougoslavie, en bronze, par Réal del Sarte (1936). Sur un piédestal de granit rose, le roi, à cheval, est entouré de son père, Pierre Ier de Serbie, et du maréchal Franchet d'Esperey.

JARDINS DU RANELAGH (S)

Cain, groupe en pierre par Joseph Caillé (1871). Grand monument à *La Fontaine* par Charles Corréia avec, en bronze, la statue du fabuliste et, à ses pieds, le renard et la cigogne (1984). *Méditation,* statue en marbre par Tony Noël (1882). *Pêcheur ramenant la tête d'Orphée dans ses filets,* statue en marbre par Louis Eugène Longepied (1883). Près du boulevard Suchet, *La Vision du poète,* grand haut-relief en marbre par Georges Bareau, commandé en 1902, mis en place en 1985.

16

Jardin du Ranelagh: Pêcheur ramenant la tête d'Orphée, par Longepied.

PLACE RODIN (T)

Le célèbre *Age d'airin,* d'Auguste Rodin, a été coulé en bronze et érigé au centre de cette place en 1932.

SQUARE HENRI-BATAILLE (U)

Gazelle, en bronze, par Marguerite de Bayser (1930).

SQUARE TOLSTOI (U)

Femme et enfant, groupe en marbre sculpté par Charles Cassou (1934). Buste en marbre de *Léon Tolstoï,* par Akop Gurdjan (1955).

PLACE DE LA PORTE-D'AUTEUIL (V)

En face de l'entrée du champ de courses d'Auteuil, fontaine en pierre composée d'une vasque fleurie supportée par *Quatre jeunes femmes,* sculptées par Raoul Lamourdedieu (1926).

JARDIN DES POÈTES (V)

Parmi des plaques commémoratives évoquant de nombreux poètes, quelques sculptures: *Théophile Gautier,* buste en pierre par Louis Eugène Dejean (1933), *Jean Moréas,* buste en bronze par Georges Themistocles Maltero (Athènes 1962), *Frédéric Mistral,* statue en pierre par Marius Remondot, *Monument à Joachim Gasquet,* constitué d'une nymphe couchée, en pierre, par Auguste Guénot (1928).

JARDINS FLEURISTES DE LA VILLE DE PARIS (V)

- Grille d'entrée flanquée de quatre statues en pierre provenant du pavillon de Madame à Versailles (fin 18e s). Dans les douves et de part et d'autre de l'escalier du jardin, quatorze masques ornés d'attributs marins, en fonte, proviendraient de l'atelier de Rodin.
- Au fond du jardin, à l'extrémité d'un parterre de gazon, gracieux bas-relief en pierre: les *Bacchantes,* projet de fontaine sculpté par Jules Dalou en 1891.

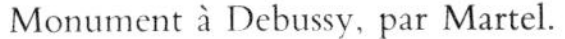

Monument à Debussy, par Martel.

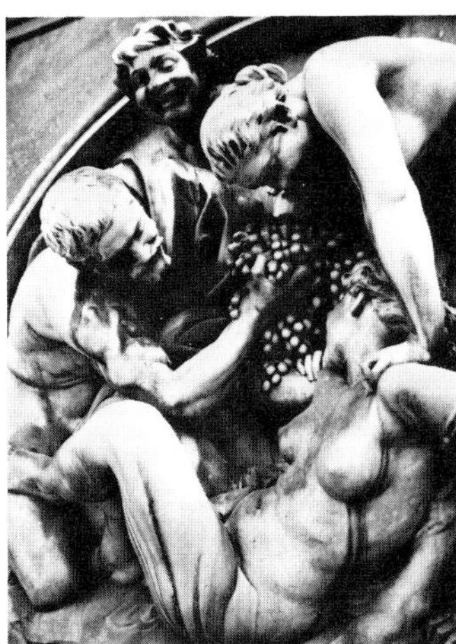

Jardin fleuriste: les Bacchantes, par Dalou.

Fontaines de la Porte de Saint-Cloud, par Landowski.

PORTE MOLITOR (W)

A l'angle de l'avenue du Général-Sarrail, monument en pierre à *Franz Reichel,* sculpté par Alexandre Maspoli (1934).

ÉGLISE NOTRE-DAME-D'AUTEUIL PLACE D'AUTEUIL (X)

Œuvre de l'architecte Vaudremer (1877). Le tympan du portail: *Le Christ dans une gloire entouré des symboles des quatre évangélistes,* et la *Vierge* du trumeau sont dus au sculpteur Henri Maniglier.

ÉGLISE SAINTE-JEANNE-DE-CHANTAL PORTE DE SAINT-CLOUD (Y)

Le porche de cette église pseudo-romane construite à partir de 1939 est orné d'un bas-relief en pierre sculpté par Henri Navarre.

PLACE DE LA PORTE-DE-SAINT-CLOUD (Y)

Le centre de la place est occupé par deux bassins ornés de fontaines (H 10 m) en forme de tours cylindriques en pierre. Dues aux architectes Pommier et Billards, ces fontaines, inaugurées le 17 juillet 1936, sont entièrement sculptées en bas-reliefs par Paul Landowski.

L'une d'elles symbolise *Paris.* En un rythme plein de fougue, de multiples personnages évoquent la ville d'art et de travail. Au sommet, dans un bandeau, sont représentés les principaux monuments de la capitale. A la base, des médaillons en bronze figurent des scènes relatives à la vie parisienne.

L'autre fontaine est dédiée à la *Seine,* qui apporte la vie aux terres qu'elle fertilise. Dans un style calme et sobre, sont décrits les travaux des champs et les joies de la nature. Au sommet apparaissent les monuments des régions traversées par le fleuve. A la base, dans les médaillons en bronze: animaux des eaux et des forêts du bassin parisien.

STADE DE COUBERTIN (Y)

Sous le péristyle, dix bas-reliefs en pierre symbolisant différents sports, signés Alexandre Morlon et Ernest Diosi.

BOIS DE BOULOGNE (Z)

● Près du lac inférieur, à l'entrée de la route cavalière Saint-Denis, tête en bronze du *Cheval étalon Amiral,* par le sculpteur japonais Yasuo Mizuy, œuvre donnée en 1963 par un couple américain, M. et Mme Kahler.

● Carrefour de Norvège, près du moulin de Longchamp: ours en granit, sculpté par Mme Grimdalen et offert par la Norvège en 1955.

PARC DE BAGATELLE (Z)

Les façades du petit château, construit en 1775 par l'architecte Bellanger, sont ornée chacune de deux statues de sphinges. Celles de la façade postérieure, chevauchées par des amours, portent la signature du sculpteur Henri Weigele (fin du 19e siècle).

Dans le parc, enfoui dans un bosquet, près d'une pièce d'eau, *Les Druides,* groupe en pierre par Charles Perron (1920). A droite de la roseraie, en contrebas, charmante *Fontaine des amours,* en pierre, par Raymond Sudre (1919). A proximité, médaillon en pierre, portrait de *J. C. N. Forestier,* par Georges Guiraud.

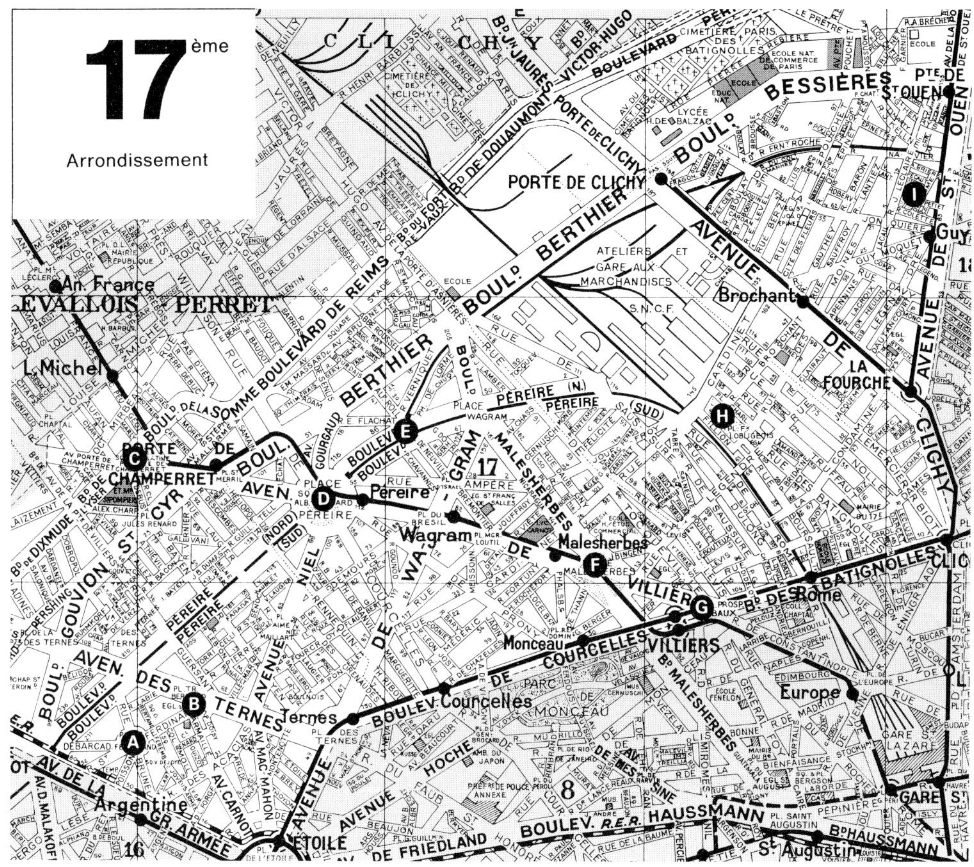
17ème
Arrondissement
CLICHY
PORTE DE CLICHY
BOULD BERTHIER
BOULD BESSIÈRES
AVENUE DE CLICHY
AVENUE DE ST OUEN
ATELIERS ET GARE AUX MARCHANDISES
S.N.C.F.
Brochant
LA FOURCHE
Guy
Pte DE St OUEN
An. France
LEVALLOIS PERRET
L. Michel
PORTE DE CHAMPERRET
BOULEVARD DE REIMS
PÉREIRE (N.)
PÉREIRE (SUD)
Péreire
Wagram
AVENUE DE WAGRAM
Malesherbes
BOULD MALESHERBES
VILLIERS
Bd DES BATIGNOLLES
Rome
Monceau
BOULEV. DE COURCELLES
Courcelles
PARC DE MONCEAU
Ternes
AVEN. DES TERNES
AVENUE NIEL
AVEN. DE VILLIERS
BOULD GOUVION ST CYR
Europe
GARE ST LAZARE
Argentine
AV. DE LA GR. ARMÉE
ETOILE
AVENUE DE FRIEDLAND
AVENUE HOCHE
BOULEV. HAUSSMANN
St Augustin
16
8
17
18
A
B
C
D
E
F
G
H
I

17

PLACE SAINT-FERDINAND (A)

Monument à Serpollet, groupe en pierre, sculpté par Jean Boucher en 1909.

PLACE TRISTAN-BERNARD (B)

Buste en bronze de *Tristan Bernard,* par Josette Hébert-Coëffin (1972).

SQUARE DE L'AMÉRIQUE-LATINE (C)

Statue en bronze de *Fransisco de Miranda,* précurseur de l'indépendance de l'Amérique latine, d'après l'œuvre de Lorenzo Gonzalez. De part et d'autre ont été placés huit bustes d'éminentes personnalités d'Amérique du Sud, œuvres de divers sculpteurs de ce continent.

PLACE DU MARECHAL-JUIN (D)

Au centre, buste en pierre d'*Albert Besnard,* par Philippe Besnard (1967).

CARREFOUR PÉREIRE-VERNIQUET (E)

Monument à l'ingénieur Eugène Flachat. Buste et quatre bas-reliefs en pierre, sculptés par Alfred Boucher en 1897.

PLACE DU GÉNÉRAL-CATROUX (F)

● Dans la partie ouest, *Monument à Alexandre Dumas père,* en bronze, exécuté en 1883 par Gustave Doré, le célèbre dessinateur qui fut aussi sculpteur. D'un côté du socle, un groupe en bronze symbolise la *Lecture.* De l'autre apparaît d'*Artagnan,* l'un des plus célèbres personnages des romans de Dumas.

● A l'autre extrémité de la place, *Monument à Alexandre Dumas fils,* en pierre, par René de Saint-Marceaux, inauguré en 1906 en présence de la famille de l'écrivain. Autour du socle s'envolent des nymphes virevoltantes dans le goût caractéristique de la «belle époque».

● Au centre, statue de *Sarab Bernhardt* en Phèdre, par François Sicard (1926).

Place du Général-Catroux: monuments à Alexandre Dumas, par G. Doré, et à Alexandre Dumas fils, par Saint-Marceaux (détails).

PLACE PROSPER-GOUBAUX (G)

Buste en pierre d'*Henri Becque,* sculpté par Auguste Rodin en 1908.

SQUARE DES BATIGNOLLES (H)

Au centre de la pièce d'eau, les *Vautours,* curieux groupe en pierre, sculpté par Louis de Monard en 1930. Buste en pierre de *Léon Dierx,* par Bony de Lavergne (1932).

SQUARE DES ÉPINETTES (I)

Statue de *Jean Leclaire,* en bronze, d'après Jules Dalou (1971). Le premier tirage de cette œuvre, exécuté en 1896, a été détruit en 1943. Statue de *Maria Deraisme,* bronze réalisé en 1984 d'après un plâtre d'Ernest Barrias.

Square des Batignolles: les Vautours, par Louis de Monard.

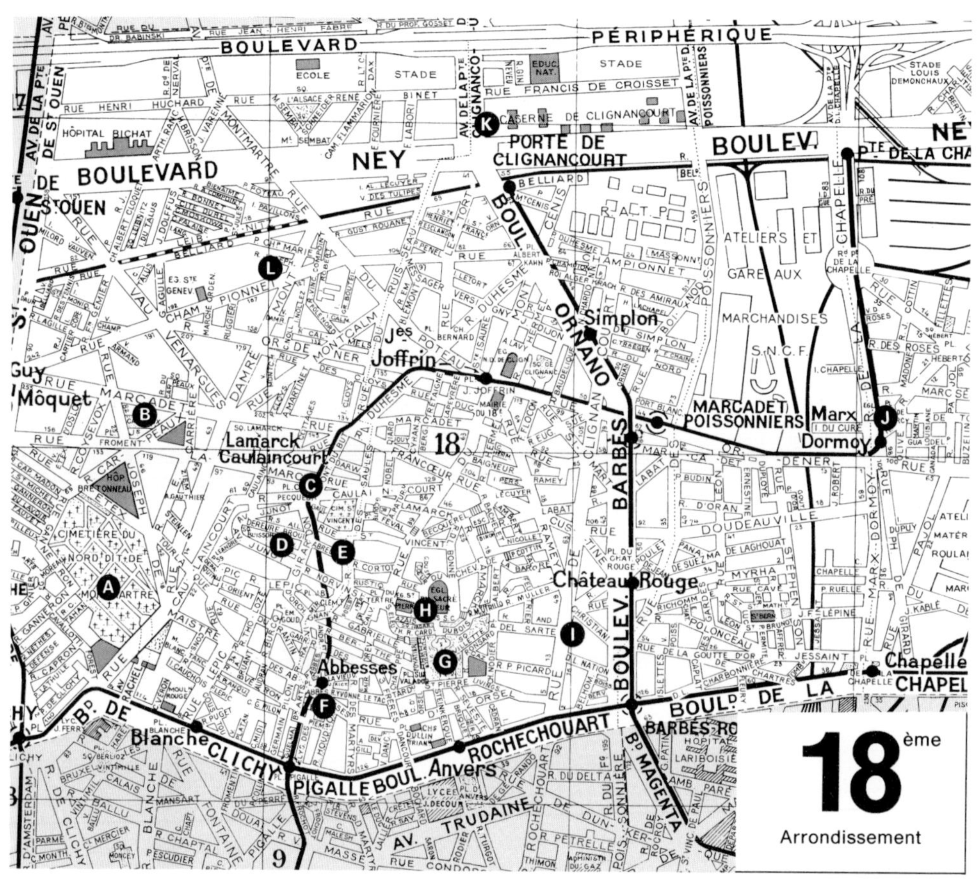
BOULEVARD
PÉRIPHÉRIQUE
ECOLE
STADE
EDUC. NAT.
STADE LOUIS DEMONCHAUX
RUE FRANCIS DE CROISSET
RUE HENRI HUCHARD
HÔPITAL BICHAT
CASERNE DE CLIGNANCOURT
PORTE DE CLIGNANCOURT
BOULEV.
NEY
BOULEVARD
DE
ST OUEN
AV. DE LA PTE DE ST OUEN
BOUL. ORNANO
R.A.T.P.
ATELIERS ET
GARE AUX
MARCHANDISES
S.N.C.F.
Simplon
Jes Joffrin
Guy Môquet
MARCADET POISSONNIERS
Marx Dormoy
Lamarck Caulaincourt
18
HÔP BRETONNEAU
CIMETIÈRE DU NORD DIT DE MONTMARTRE
BOULEV. BARBÈS
Château Rouge
Abbesses
Blanche
Bᴰ DE CLICHY
PIGALLE
BOUL. Anvers
ROCHECHOUART
BOULᴰ DE LA CHAPELLE
Chapelle
Bᴰ MAGENTA
AV. TRUDAINE
9
A
B
C
D
E
F
G
H
I
J
K
L
18ème
Arrondissement

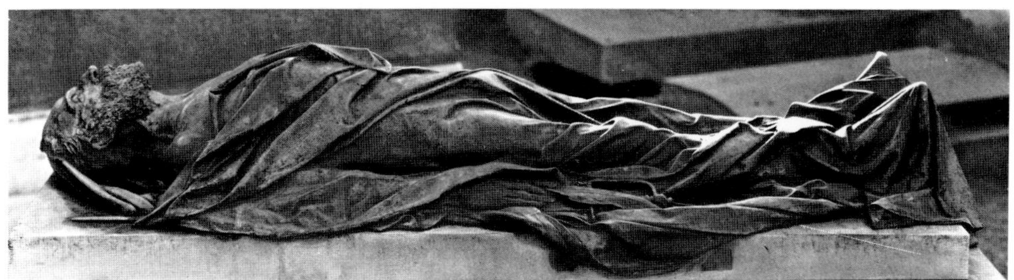

Cimetière Montmartre: gisant de Godefroy Cavaignac, par Rude.

CIMETIÈRE MONTMARTRE AVENUE RACHEL (A)

● Ce cimetière contient un chef-d'œuvre de François Rude, le gisant en bronze du polémiste *Godefroy Cavaignac,* mort en 1845, exécuté deux ans plus tard par le célèbre sculpteur avec l'aide de son jeune élève Ernest Christophe (rond-point en face de l'entrée, 31ᵉ division). Le corps est en partie recouvert d'un linceul aux plis serrés qui constitue un morceau d'une virtuosité et d'une vérité extraordinaires, au point que cette œuvre remarquable a pu être comparée aux gisants de l'époque gothique.

A signaler encore des œuvres en majorité fin 19ᵉ début 20ᵉ siècle:

● 3ᵉ division. *Théophile Gautier* (†1872). Statue en marbre de la *Poèsie,* par Cyprien Godebski. *Osiris* (†1907). La tombe du donateur du château de Malmaison est surmontée d'un colossal *Moïse* en bronze, par Antonin Mercié, d'après Michel-Ange. *Famille Pam.* Sous le dais, *Femme voilée,* en pierre, par Albert Batholomé. Victor Brauner (†1966) et Jacqueline Brauner (†1985). Sur la tombe figure une petite sculpture en marbre, *Signe,* œuvre du peintre (1942-1945).

● 5ᵉ division. *Henry Murger* (†1861). Statue en pierre de la *Jeunesse,* par Aimé Millet. *Famille Herbillon. La Douleur,* statue en bronze par Domenico Trentacoste (1892). *Famille Kamienski.* Statue en bronze de *Miecislas Kamienski mourant à la bataille de Magenta,* par Jules Franceschi (1861).

● 9ᵉ division. *Thomire* (†1843). Le buste en bronze du célèbre ciseleur de l'Empire a été réalisé par lui-même en 1813.

● 18ᵉ division. *Castagnary* (†1888). Buste en bronze par Rodin.

● 20ᵉ division. *Hector Berlioz* (†1869). Médaillon en bronze par Cyprien Godebski.

● 21ᵉ division. *Henri Meilhac* (†1897). *Pleureuse* en pierre par Albert Bartholomé. *Gustave Guillaumet* (†1887). *La Fileuse de Bou-Saada,* en bronze, œuvre célèbre d'Ernest Barrias. *Alexandre Dumas fils* (1895). Gisant en marbre par René de Saint-Marceaux. *Robert Didsbury,* mort à vingt ans en 1910. *Femme assise* en bronze, œuvre de sa mère, C. Didsbury. *Anatole, garde-champêtre de la commune libre de Montmartre.* Buste en bronze signé Olaïzola (1979).

● 23ᵉ division. *Alphonse de Neuville* (†1885). *Femme à demi allongé* au pied de son buste, marbre par Francis de Saint-Vidal (1894).

Cimetière Montmartre: Pleureuse, par Bartholomé.

● 27e division. *Alphonse Baudin* (†1851). Gisant en bronze par Aimé Millet. *Jean-Baptiste Greuze. Statue de jeune femme portant une cruche* et buste en bronze, par Ernest Dagonet (1910).
● 28e division. *Joseph Méry, poète et romancier* (†1866). Médaillon et statue de la *Poèsie,* en bronze, par Ludovic Durand (1867). *Frédéric Lemaitre* (†1876). Buste en bronze par Pierre Granet.

SQUARE CARPEAUX (B)

Deux œuvres du début du 20e siècle: la *Montmartroise,* statue en marbre, très «rococo», par Théophile Camel (1907) et le *Monument à Carpeaux,* en marbre, par Léon Fagel (1911).

CARREFOUR JUNOT-CAULAINCOURT (C)

Statue d'Eugène Carrière, en pierre, par Henri Sauvage (1959); sur le socle, quatre bas-reliefs en bronze rappellent le thème favori du peintre: la mère et l'enfant.

PLACE CONSTANTIN-PECQUEUR (C)

Monument à Steinlein, en pierre, par P. Vannier (1936). Le socle est orné de deux bas-reliefs en bronze: *Scène de rue et Ouvrier au travail.*

SQUARE SUZANNE-BUISSON (D)

Statue de saint Denis, en pierre, sculptée par Fernand Guignier en 1941.

SQUARE ROLAND-DORGELES (E)

Portrait de *Roland Dorgelès,* médaillon en bronze par Raymond Corbin.

ÉGLISE SAINT-JEAN-L'ÉVANGÉLISTE PLACE DES ABBESSES (F)

Le porche de cette église, la première construite en

Ancien magasin Dufayel: fronton par Dalou.

béton armé à Paris, en 1904, est orné d'un revêtement en grès flammé du céramiste Alexandre Bigot et de trois figures en terre cuite, *Saint Jean,* en buste et deux anges, sculptés en haut-relief par un élève de Dalou et de Rodin, Pierre Roche.

SQUARE WILLETTE (G)

● Dans la partie inférieure, à gauche: petite fontaine en pierre dite des *Innocents,* exécutée par Emile Derré en 1906. Elle est ornée d'un charmant haut-relief en bronze représentant une jeune femme avec un groupe d'enfants rieurs.

● Dans la partie supérieure: fontaine monumentale dans le goût du 18e siècle. Trois grandes niches dominent un bassin. Dans chacune d'elles, une vasque est supportée par un groupe de trois dieux marins, en pierre, sculptés par Paul Gasq en 1932.

BASILIQUE DU SACRÉ-CŒUR (H)

Commencée par l'architecte Abadie en 1875, cette imposante construction de style romano-byzantin, n'à été achevée qu'en 1914.

● Au pignon, grand *Christ bénissant,* en pierre, par Gustave Michel.

● Au-dessus du porche, deux statues équestres en bronze; à gauche, *Saint-Louis;* à droite, *Jeanne d'Arc,* par Hippolyte Lefebvre (1924).

● Sous le porche, trois tympans en pierre représentant des scènes de la vie du Christ, par Léon Fagel et Hippolyte Lefebvre, et trois portes en bronze, chacune ornée de deux bas-reliefs – également des scènes de la vie du Christ – par Hippolyte Lefebvre.

EGLISE SAINT-PIERRE-DE-MONTMARTE (H)

Les trois portes de l'église sont ornées d'une série importante de reliefs en bronze représentant des scènes de la vie de *saint Pierre* (au centre), de *saint Denis* (à gauche), de la *Vierge* (à droite). Ces œuvres ont été offertes en 1980 par leur auteur, le sculpteur italien Tommaso Gismondi. A gauche de la façade, une quatrième porte en bronze, avec une grande figure du *Christ,* est due au même artiste.

ANCIEN MAGASIN DUFAYEL 6, RUE DE CLIGNANCOURT (I)

Ce magasin, connu aussi sous le nom de Palais de la nouveauté, avait été fondé en 1880. La façade sur la rue de Clignancourt est surmontée d'un front monumental qui symbolise le *Progrès entraînant le commerce et l'industrie,* œuvre vigoureuse sculptée par Jules Dalou en 1895. Les niches du rez-de-chaussée abritaient, à l'origine, des groupes de Falguière.

RUE DE LA CHAPELLE (J)

Devant l'église Saint-Denis-de-la-Chapelle, statue en fonte de *Jeanne d'Arc* debout (fin du 19eme siècle).

COLLEGE MAURICE-UTRILLO AVENUE DE LA PORTE-DE-CLIGNANCOURT (K)

Dans le jardin, *Espaces intuitifs,* structures en acier cor-ten, par Marino di Teana (1974).

136, RUE CHAMPIONNET (L)

Devant un immeuble récent, stabile haut de six mètres, en acier cor-ten, par le Groupe de l'Œuf (1970).

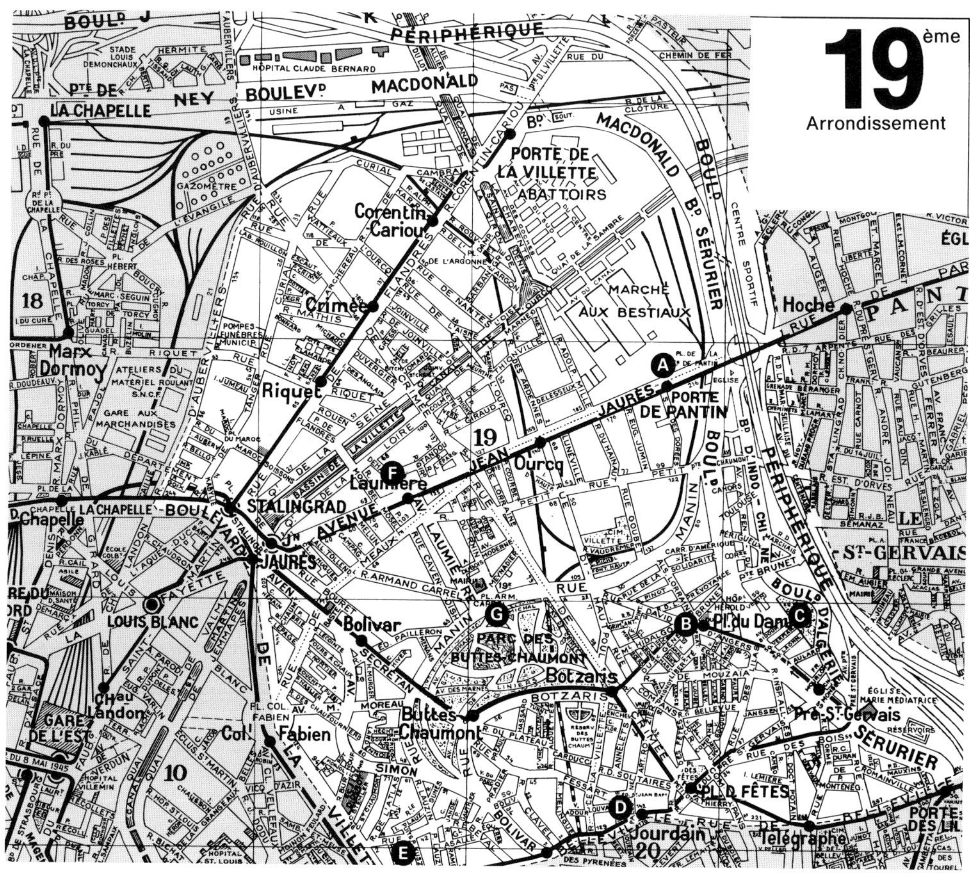
19ème
Arrondissement
PÉRIPHÉRIQUE
BOULEVD MACDONALD
HÔPITAL CLAUDE BERNARD
Pte DE LA CHAPELLE
NEY
PORTE DE LA VILLETTE
ABATTOIRS
MARCHÉ AUX BESTIAUX
Corentin-Cariou
Crimée
Riquet
Marx Dormoy
STALINGRAD
Jaurès
Laumière
Ourcq
PORTE DE PANTIN
Hoche
Bolivar
PARC DES BUTTES-CHAUMONT
Botzaris
Buttes Chaumont
Pl. du Danube
Pré-St-Gervais
Pl. D. FÊTES
Jourdain
Télégraphe
PORTE DES LILAS
Col. Fabien
Louis Blanc
Chau Landon
GARE DE L'EST
Chapelle
LA CHAPELLE
GARE AUX MARCHANDISES
BASSIN DE LA VILLETTE
BOULD SÉRURIER
ST-GERVAIS
18
19
10
20
A
B
C
D
E
F
G

PARC DE LA VILLETTE AVENUE JEAN JAURES (A)

Première fontaine élevée au centre de la place du Château-d'Eau, aujourd'hui place de la République, en 1815, transportée à cet emplacement en 1869. Les huit lions en bronze, dont l'auteur n'est pas connu, ont été fondus au Creusot.

PLACE RHIN-ET-DANUBE (B)

La Moisson, groupe en pierre par Léon Deschamps (1933).

SQUARE DE LA BUTTE-DU-CHAPEAU-ROUGE (C)

Au-dessus des bassins qui font face au boulevard d'Algérie, *Eve,* pierre sculptée par Raymond Couvègnes en 1938. Au centre du square, groupe de *Deux femmes avec un enfant,* par Pierre Traverse (1938).

ÉGLISE SAINT-JEAN-BAPTISTE DE BELLEVILLE 139, RUE DE BELLEVILLE (D)

La statuaire de ce vaste édifice, bâti en 1859 en style gothique, est due au sculpteur Aimé Perrey.

PLACE MARCEL-ACHARD (E)

Au centre du nouveau quartier, *Uranos,* sculpture en cuivre martelé par Etienne Hajdu (1985).

69, AVENUE JEAN-JAURES (F)

Dans le square, en retrait des immeubles, sculpture-fontaine faite de deux demi disques en acier inox, par Davos Hanich (1986).

PLACE ARMAND-CAREL (G)

Monument à Jean Macé: borne en pierre supportant un bas-relief en bronze par Albert David (1961).

PARC DES BUTTES-CHAUMONT (G)

Près du lac, *le Gouffre,* dramatique groupe en pierre représentant un homme suspendu à un rocher, par Sylvain Kinsburger (1933). A l'entrée située face à l'avenue Secrétan, buste en bronze de *Clovis Hugues,* par Louis Noël.

Place Marcel-Achard: Uranos, par Etienne Hajdu.

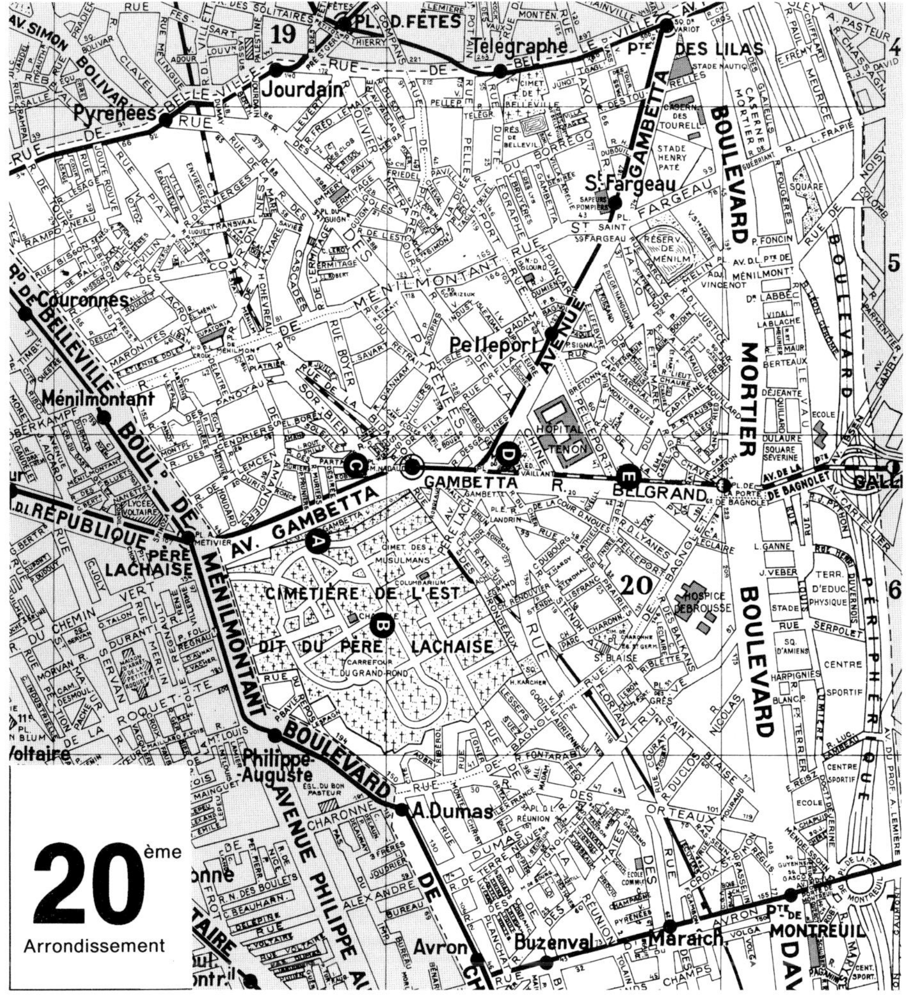

20ème
Arrondissement
PL. D. FÊTES
Télégraphe
Pte DES LILAS
Jourdain
Pyrénées
St Fargeau
Couronnes
Pelleport
Ménilmontant
GAMBETTA
AV. GAMBETTA
BELGRAND
PÈRE LACHAISE
CIMETIÈRE DE L'EST
DIT DU PÈRE LACHAISE
HÔPITAL TENON
HOSPICE DEBROUSSE
BOULEVARD MORTIER
BOULEVARD DAVOUT
PÉRIPHÉRIQUE
BOUL. DE MÉNILMONTANT
BOULEVARD DE CHARONNE
Philippe-Auguste
A.Dumas
Avron
Buzenval
Maraich.
Pte DE MONTREUIL
AVENUE PHILIPPE AUGUSTE
RUE DE BAGNOLET
RUE DE BELLEVILLE
RUE DES PYRÉNÉES
AVENUE GAMBETTA
20
19

Monument aux victimes des révolutions, par Moreau-Vauthier.

SQUARE SAMUEL DE CHAMPLAIN (A)

Curieux *Monument aux victimes des révolutions,* sculpté par Paul Moreau-Vauthier en 1909. Il représente, en bas-relief, un mur criblé de trous par le peloton d'exécution et sur lequel apparaissent, à peine esquissés, des personnages et des visages. Au centre se tient une femme, les bras écartés en un geste de protection. Ce monument fut érigé, dit-on, pour donner satisfaction à certains conseillers municipaux qui, depuis ving-cinq ans, en dépit de l'opposition du gouvernement, souhaitaient rendre un hommage public aux fédérés exécutés dans le cimetière du Père-Lachaise, en 1871. La dédicace aux morts de toutes les révolutions permit ainsi de contenter tout le monde. A quelque distance de cette œuvre: le Déclin, groupe en pierre bien triste et bien dégradé, par Léopold Steiner (1899).

CIMETIÈRE DU PÈRE-LACHAISE BOULEVARD DE MÉNILMONTANT (B)

Créé en 1804 dans un site particulièrement accidenté, ce cimetière porte le nom de l'ancien confesseur de Louis XIV qui habita le lieu où s'élève aujourd'hui la chapelle. Avec ses centaines de tombes qui rapellent le souvenir des plus grands noms de la science, de la politique, des arts et des lettres, il

Cimetière du Père-Lachaise: monument aux morts, par Bartholomé.

Cimetière du Père-Lachaise: l'Inspiration, par Laurent Marqueste.

constitue l'une des promenades les plus pittoresques de Paris.

● L'allée centrale aboutit au célèbre et imposant *Monument aux morts,* du sculpteur Albert Bartholomé, inauguré en 1899. Si cette œuvre théâtrale ne manque pas de grandeur, elle n'en offre pas moins une idée véritablement désespérante de la mort. «Autour de la porte ouverte sur l'insondable mystère, écrit à l'époque l'*Illustration,* l'humanité gémit, pleure et tremble.» Mais il faut voir, paraît-il, «une image réconfortante» dans la femme au visage serein qui, à la partie inférieure, étend le bras au-dessus du couple endormi dans la mort, image que confirme l'inscription: «Sur ceux qui habitaient le pays de l'ombre de la mort, une lumière resplendit.»

Il faut errer parmi les innombrables tombes aux noms souvent évocateurs. Certaines d'entre elles méritent d'être signalées plus particulièrement.

● 4e division. A gauche, en montant vers le monument aux morts: *Visconti* (†1854), sa statue à demi allongé, en marbre, par Victor Leharivel. *Alfred de Musset* (†1857), buste en marbre par Jean Barre (1858). Juste derrière, *Charlotte Lardin-de-Musset,* statue de la sœur du poète, assise, en pierre, par François Sicard. *Paul Baudry* (†1886), buste du peintre par Paul Dubois et deux figures très théâtrales en bronze, la *Douleur* et la *Gloire,* par Antonin Mercié.

A droite du monument aux morts: *Arago* (†1853), buste en bronze d'une grande force d'expression exécuté de son vivant, en 1838, par David d'Angers. *Ledru-Rollin* (†1874), buste en bronze par David d'Angers. *Thomas Couture* (†1879), buste en bronze par Tony Noël et deux génies, également en bronze, par Louis Ernest Barrias. *Félix Faure* (†1899), couché sous les plis du drapeau, bronze par René de Saint-Marceaux. *Falguière* (†1900), grand haut-relief en marbre symbolisant l'*Inspiration,* par Laurent Marqueste. Le *Sergent Hoff* (†1902), statue en bronze par Auguste Bartholdi.

● 7e division. Mausolée d'*Heloïse et Abélard* composé de toutes pièces au moment de la Révolution par Alexandre Lenoir, conservateur du Musée des Petits-Augustins (aujourd'hui Ecole des Beaux-Arts, rue Bonaparte). La statue d'Abélard serait l'œuvre primitive du 12e siècle, très restaurée, qui ornait le

Cimetière du Père-Lachaise: le Radeau de la Méduse de Géricault, par Etex.

tombeau du célèbre théologien au prieuré de Saint-Marcel près de Châlon-sur-Saône. Les autres parties de ce mausolée proviennent de divers monuments notamment du tombeau où avaient ensuite été réunis Héloïse et Abélard, à l'abbaye du Paraclet, dans l'Aube. L'ensemble a été remonté au Père-Lachaise en 1817 après la suppression du Musée des Petits-Augustins.

● 9e division. *Famille Dubois. Femme agenouillée,* en bronze, représentant son épouse jeune, par le sculpteur Paul Dubois.

● 10e division. *Guillaume Dubufe* (†1909), *Femme assise,* relief en marbre par Albert Bartholomé. Le long du chemin Denon, *Vivant-Denon* (†1825), sa statue en bronze par Pierre Cartellier.

● 11e division. Toujours sur le chemin Denon, *Frédéric Chopin* (†1849), avec la statue d'*Euterpe, muse de la Musique,* en marbre blanc, par Jean-Baptiste Clésinger. En face de la tombe de Talma, *Fernand Arbelot* (†1942) avec un curieux gisant tenant un masque de femme, en bronze de patine verte, par Adolphe Wansart.

● 12e division. *Jean Carriès* (†1894), statue en bronze du sculpteur tenant une de ses œuvres, la statuette du *Gentilhomme français,* par lui-même. *Géricault* (†1824). Le tombeau, exécuté d'abord en marbre en 1840 par Antoine Etex, a été entièrement refait en bronze en 1884 par le même artiste. Sur le socle de la statue du célèbre peintre, des bas-reliefs reproduisent trois de ses œuvres marquantes conservées au Musée du Louvre: le *Radeau de la Méduse, Chasseur à cheval chargeant* et *Cuirassier blessé.*

● Rond-point Casimir-Périer. Statue de l'homme d'Etat mort en 1832, et trois bas-reliefs en marbre, la *Justice,* l'*Eloquence,* la *Fermeté,* par Jean-Pierre Cortot.

● 14e division. En bordure du rond-point, sépulture *Moreau-Vauthier* avec *Pleureuse* en bronze du sculpteur Augustin Moreau-Vauthier.

● 17e division. Monument à *Auguste Comte* et à la religion de l'*Humanité. Grande Maternité* en bronze, par le sculpteur brésilien Henrique Batista da Silva Oliveira (1985).

● 18e division. *Raspail* (†1878), *Pleureuse drapée devant une cellule de prison,* marbre par Antoine Etex.

● 19e division. *S. Hannemann* (†1843), buste en bronze par David d'Angers. *Ludwig Böerne* (†1857), buste et bas-relief – *La France et l'Allemagne unies par la Liberté,* bronze, également par David d'Angers.

● 28e division. *Général Foy* (†1825). Mausolée monumental en forme de temple antique, élevé en 1831 par l'architecte Léon Vaudoyer et sculpté par David d'Angers. Statue en marbre du général debout, vêtu à la romaine. Sur la face antérieure du socle: le *Génie de l'éloquence* et le *Génie de la guerre.* Les trois autres faces sont ornées de grands bas-reliefs en pierre. A droite, le *Général Foy combattant en*

Espagne; au revers, le *Général Foy à la tribune;* à gauche, les *Funérailles du général Foy;* dans cette dernière scène, le premier porteur du cercueil n'est autre que Victor Hugo; à ses côtés, David d'Angers lui-même et, derrière lui, le jeune Prosper Mérimée.

● 36ᵉ division. Sur le chemin de la Guérite, tombe de la famille *Crespin,* avec un buste de *Crespin du Gast* et deux femmes assises tenant une couronne, en bronze, par Etienne Leroux. *Edmond About* (†1885), représenté assis, en bronze, par Gustave Crauk.

● 37ᵉ division. *Général Gobert* (†1808). Monument exécuté en marbre en 1847 et sculpté par David d'Angers. Groupe équestre d'une grande puissance dramatique, l'une des meilleures œuvres du sculpteur: *le Général Gobert, frappé à mort par un guerillero, tombe se son cheval cabré.* Le socle est entouré de quatre bas-reliefs: sur le devant, le *Général Dampierre expirant remet son sabre au général Gobert;* à gauche,

Cimetière du Père-Lachaise: Pleureuse par A. Etex.

Cimetière du Père-Lachaise: mort du général Gobert, par David d'Angers.

Napoléon Gobert, fils du général, mourant en Egypte, remet son testament à son ami Guernissac qui part pour la France; à droite, le *Général Gobert délivre à Saint-Domingue des prisonniers français dans une maison minée*; sur la face opposée, le *Général Gobert, gouverneur de Bologne, apaise une sédition.*

● 39e division. *Maréchal Suchet* (†1826). Haute stèle carrée ornée de bas-reliefs à l'antique, en marbre, par David d'Angers (†1828).

● 40e division. Grande sépulture de la famille *Davillier* avec un groupe en fonte du *Bon Berger,* par Pierre Curillon.

● 49e division, *Crozatier* (†1855), buste du fondeur et trois délicats petits bas-reliefs en bronze, par François-Joseph Bosio.

● 51e division. *Pierre Tirard* (†1893), le *Devoir,* statue d'homme assis en pierre, par René de Saint-Marceaux.

● 52e division. *Jules Michelet* (†1874). Grand bas-relief en marbre, très romantique, symbolisant l'*Histoire,* par Antonin Mercié.

● 53e division. *Cino del Ducca* (†1967). Emouvant groupe en bronze, très classique, la *Vierge soutenant le Christ,* signé Messina.

Derrière cette tombe: *Pierre Cartelier,* statuaire (†1831). Monument en forme de sarcophage antique. Sur le devant, buste du sculpteur par Louis Petitot. Sur les faces latérales, à gauche, la *Gloire,* par Philippe Lemaire, le *Talent* par Emile Seurre, la *Modestie,* par Bernard Seurre aîné; à droite, trois autres figures, dans l'ensemble plus souples et plus fines que les précédentes: l'*Amitié,* par Louis Petitot, la *Sagesse,* par Augustin Dumont, la *Bonté,* par François Rude. De part et d'autre du tombeau, deux stèles ornées de bas-reliefs; à gauche, scène antique, par Louis Petitot; à droite, trois personnages curieusement voilés, par Emile Seurre. *Ferdinand Barbedienne* (†1892). Buste du célèbre fondeur et trois figures allégoriques en bronze, par Alfred Boucher.

● 55e division. A gauche de la chapelle, le compositeur *Reber* (†1880), allégorie de la *Musique,* bas-relief en pierre par Tony Noël. *Baron Taylor* (†1879), sa statue en marbre par Gabriel-Jules Thomas. Derrière la chapelle funéraire de Thiers, l'architecte *Guérinot* (†1891), avec une statue en pierre de l'*Architecture,* par Louis-Ernest Barrias.

● 66e division. Côte à côte: *Alphand* (†1891), son buste par Jules Coutan. *Anatole de la Forge,* avec sa statue en bronze par Louis-Ernest Barrias. *Charles Floquet* (†1896), dont le buste domine une énergique *République*, bronze, par Jules Dalou.

● 69e division. Chapelle de l'ingénieur *J. F. Cail* avec deux statues allégoriques en pierre, par Alfred Thiébault (1872).

● 70e division. *P. F. Dorian,* ministre durant le siège de Paris (†1873), statue en bronze par Aimé Millet. Immédiatement en retrait, *Mme Moris* avec un bronze par Léopold Morice (1877).

● 71e division. *Les aéronautes Crocce-Spinelli et Sivel,* morts d'asphixie en ballon, à 8600 m d'altitude, avec leurs statues couchées, en bronze, par Jean Dumilâtre (1878).

● 72e division. Le philosophe *Jean Reynaud,* médaillon par David d'Angers et l'*Immortalité,* haut-relief par Henri Chapu.

● 87e division. Dans le sous-sol du four crématoire, monumental groupe en pierre, *Le Retour à la Nature,* devant un grand relief, les *Signes du zodiaque,* par Paul Landowski.

● 89e division. *Alice Ozy,* artiste dramatique (†1893), l'*Effroi* ou l'*Amour maternel* statue en marbre, œuvre bien connue de Gustave Doré. *Oscar Wilde* (†1900), étrange sphinx ailé, en pierre, dont le visage serait celui du poète âgé, par le sculpteur anglais Jacob Epstein (1911).

● 91e division. *Auguste Blanqui* (†1881). Statue couchée, enveloppée d'un linceul, par Jules Dalou.

● 92e division. *Victor Noir,* tué en 1870. Gisant en

Cimetière du Père-Lachaise: Descente de croix, par Akop Gurdjan.

bronze d'un réalisme saisissant, par Jules Dalou.

● 94e division. Sur l'avenue Pacthod, statue équestre du *général Antranik,* en pierre, par Léon Mourdoff (1968).

● 97e division. A l'angle de l'avenue transversale et de l'avenue Pacthod, sépulture *Goukassow* avec une très moderne *Descente de croix* en pierre rose due au sculpteur Akop Gurdjan. En bordure de l'allée circulaire, *Monument aux morts de Mauthausen,* par Gérard Choain (1958), œuvre poignante, représentant un homme décharné en bronze, gravissant l'escalier du camp. *Monument aux Espagnols morts pour la liberté,* par I. et J. Gallo (1969). *Monument aux 13500 Français assassinés à Neuengamme,* statue de femme assise, en pierre, par Pierre Honoré (1949). *Monument aux morts de Ravensbruck,* deux mains enlacées par un lien, œuvre de E. Morlaix, *Monument aux morts de Buchenwald,* hallucinant groupe de trois personnages décharnés, en bronze, par L. Bancel (1964). *Monument aux morts d'Oranienburg-Sachsenhausen,* grande flamme déchiquetée en cuivre repoussé, par J.-B. Leducq. *Monuments aux déportés du travail,* un peu théâtral, par I. et J. Gallo.

SQUARE DU Dr-GRANCHER
RUE SORBIER (C)

Le Printemps, sous les traits d'une jeune femme nue, statue en pierre par Henri Dieupart (1928).

SQUARE ÉDOUARD-VAILLANT (D)

Gambetta, groupe en pierre par Jean-Paul Aubé, érigé à cet emplacement en 1982. Il s'agit d'un fragment du gigantesque monument élevé en 1888 dans la cour Napoléon du Louvre.

PLACE EDITH-PIAF (E)

Hommage à Edith Piaf, stèle avec petit bas-relief par Devilliers (1982).

20 FONTAINE WALLACE

Il existe encore, réparties dans tout Paris, quarante-huit de ces fontaines en fonte qui perpétuent le nom de sir Richard Wallace, le grand philanthrope anglais qui les offrit à la ville de Paris en 1872. Toutes en état de marche, régulièrement entretenues et repeintes, elles ont été exécutées d'après un modèle du sculpteur Charles Lebourg, un élève de Rude. Les quatre cariatides inspirées des *Trois grâces* de Germain Pilon, sont censées représenter la simplicité, la bonté, la sobriété, la charité.

Fontaine Wallace, par Lebourg.

INDEX DES SCULPTEURS

20

INDEX DES STATUES, MONUMENTS ET TOMBEAUX DE PERSONNAGES HISTORIQUES

INDEX DES PRINCIPAUX MONUMENTS ET ESPACES PUBLICS COMPORTANT DES ENSEMBLES DE SCULPTURES

TABLE DES MATIÈRES

CRÉDIT PHOTOGRAPHIQUE

Archives photographiques: p. 91, 101
Bulloz: p. 64
Connaissance des Arts (J. Guillot): p. 17, 120
Connaissance des Arts (P. Clément): p. 114
Giraudon: p. 20, 29, 90, 116, 119, 135, 154, 173
Jacqueline Guillot: p. 32, 48, 63, 175
Roger-Viollet: p. 120
Toutes les autres photographies sont de l'auteur.

Achevé d'imprimer le 29 juillet 1988 sur les presses de l'imprimerie Hertig+Co SA, à Bienne.
Les films en couleurs et en noir ont été exécutés par Atesa-Argraf à Genève et par Villars & Cie à Neuchâtel.
La reliure est l'œuvre de Mayer & Soutter à Renens.

Imprimé en Suisse

EN FONTE – CAST IRON
REPARTIR – DISTRIBUTED